ゼロから分かる！

5000円からの骨董入門

監修　尾久彰三（古美術研究家）

世界文化社

ゼロから分かる！ 5000円からの骨董入門

目次

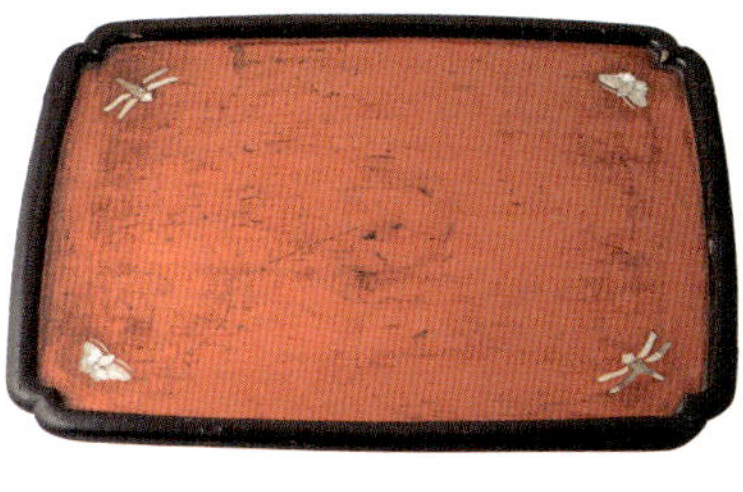

蒐める&使う 112

テーマを絞って骨董を楽しむ

酒器 112

花の器 小さな壺に一輪が奏でる風韻 116

見立て 花を入れて器の美を再発見する愉しさ 118

壁を飾る 紙のもの 額に入れて飾ると、たちまち中世の雰囲気に 120

大津絵と護符 呪力をもつ護符と民衆的風刺の絵画と 122

布・陶片 片々の布、やきもののかけらが誘う遥かな宇宙 124

インテリアの脇役 アルバレロ・電気スタンド 126

レア・アイテム 稀少な骨董をコツコツ蒐める醍醐味 128

【コラム】骨董のキズと直しQ&A 129

尾久さんと骨董市に行く 130

東アジアやきもの年表 144

【コラム】行ってみたい骨董市 146

【コラム】骨董店とのつき合い方Q&A 147

初めてでも入れる骨董店 155

骨董用語ガイド 159

［凡例］

- 掲載品の名称および時代は、所蔵者のデータによります。
- 寸法の「高」は高さを表し、単位はセンチメートルです。
- 掲載品の【○○】は、ご協力いただいた骨董店名を表します。
  但し、古美術、gallery などの呼称は省略しています。
  記載のないものは個人蔵です。

我が至福のモノたち
尾久彰三 語録

高校一年の頃からの骨董屋回りでは、
伯父のモノ選びに同道。ただ見ることから、
モノの美の在処を探ることへと広がった。
鍛えられた眼によって、
モノへの愛着は、深まる一方。
古いからよいのではない。
値段が高いから価値があるわけではない。
心惹かれる数多のモノ遍歴、
およそ半世紀余り。分身のように、
心を占めてやまないモノたちがある。
「モノは、己の心を表す自分自身でもある」と、
眼と心でモノを観じる、尾久さんのモノ語り。

「見るからに頑丈そうで、
健康な肉体を見るような。
作為のない健やかな美がある」

イギリスの水注ぎ

実は、牛革製である。イギリスは、古くから革の水注ぎを使っていたようで、筒と、板状の取っ手を強い糸で縫いつけている。不可思議なバランスによる微妙な造形。まるで現代彫刻のようにかっこいい。
イギリス　18世紀　高29.6

「共に宇宙空間を感じさせる絵付けである。
日々の暮らしで使われた品にこそ、健康な美が宿る。
モノの価値は美にあることを教えてくれる」

染付松鶴文皿

古伊万里のくらわんか手の皿で、昇る朝日を松の枝のてっぺんで鶴が眺めている。目出度さたっぷりの絵柄だが、余白をとった表現に、みごとな日本人の意匠力が感じられる。日本　江戸時代　径20.3

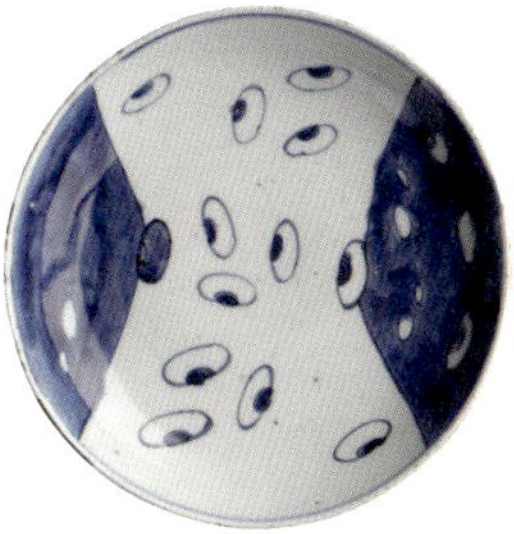

古染付貝文皿

明末清初に中国江西省景徳鎮で焼かれた古染付は、素生が分かりにくい。この皿は貝文様というそうだが、尾久さんには宇宙空間に浮遊する星に感じられる。今宵も、白海老を盛って一献、心を浮遊させて楽しもう。中国　明時代　径17.5

「私には過ぎたものではあるが……
すごい。花と籠の漆絵は、
見ているだけで幸せだ」

花籠文盆

盆の円の中に描かれた、花と籠の漆絵は「すごい、としか言えない筆跡を示して美しい」と尾久さんはいう。手元に集まったものには、いくつか分不相応なものがあり、これはその最たるものだが、見る度に漆絵のかもし出す美が幸せな気分を運んでくれるとも。日本 室町〜安土桃山時代　径37

「とにかく見つめる。じっと分かるまで見つめる。
魂の震えを覚えるようだ。
私のもっとも好きな絵である」

阿弥陀三尊来迎図

紫雲に乗った阿弥陀如来が、極楽浄土に往生するものを迎えるため、脇侍に観音菩薩と勢至菩薩を従えやってくる様を描く。部屋の光量が落ちるにつれ、三尊の黄金色の輝きが増して、今にも仏様が手のひらに乗り移られるようで、美の本質へ迫ろうとする神々しさが伝わる。「絵や書は、何かを感じればいい。それが分かるということだ」と語る尾久さんは、亡くなる寸前に、仏様が現れてくださることを信じたいという。日本 鎌倉時代　59.7×27

「民画のような大らかな絵は、紛れもなく朝鮮陶工の絵である。
彼らが日本化していても、絵筆には無意識に出自が出ている。
人にもモノにも故郷があることを教えてくれる」

古武雄花蝶文大徳利

かつて肥前、次いで古唐津と呼ばれてきた陶器は、佐賀県武雄市周辺の窯で作られたと判明。今は古武雄と呼ばれる。黒っぽい土を白土で化粧し、緑と鉄釉で描かれた花と遊ぶ蝶の絵は、文禄・慶長の役で唐津に連れてこられた朝鮮陶工の絵そのもの。17世紀後半は、伊万里磁器の影響で白いやきものが好まれた時代でもあり、一本の鶴首徳利が、いろいろなことを教えてくれる。日本　江戸時代　高34.3

写真（P6～10）：大屋孝雄

価格帯別 ５００円からの 骨董レッスン

骨董店で心ときめくモノに出合ったらしめたもの。
もう、あなたは骨董入門者。
値段に見合った骨董の見つけ方、
目のつけどころを、教えてもらいましょう。

指南 尾久彰三

西荻窪UNTIDY

5000円から9000円台で見つける

▼染付南天和本いちょう文皿
各6000円【桃凜】
江戸中期　伊万里
径13　高3
面取り風な形に、ユニークな文様。なかなか愛らしい。

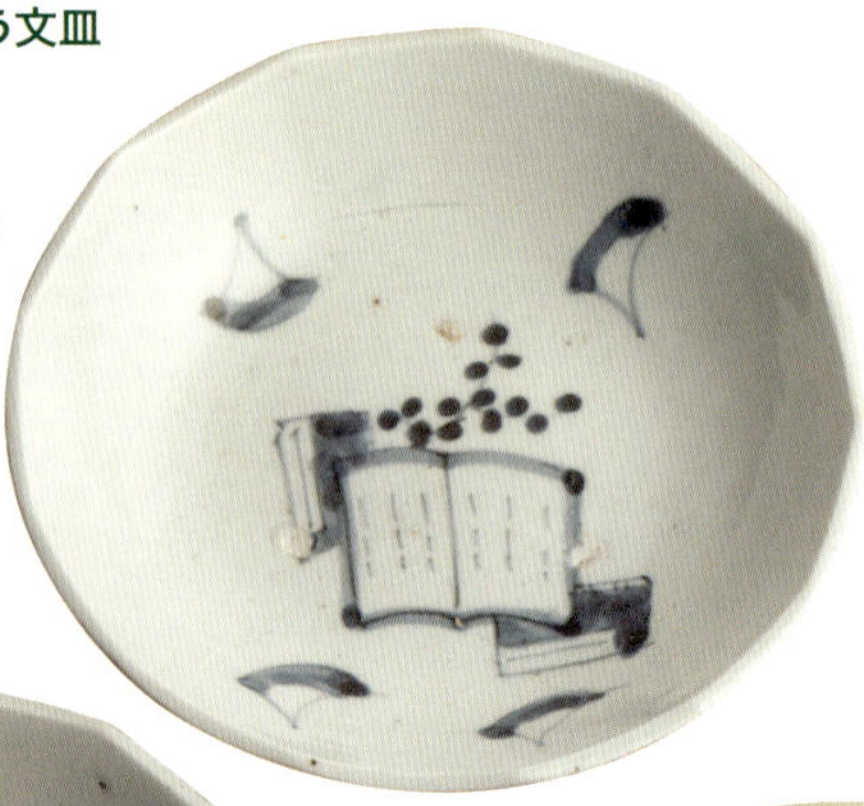

高台は、蛇の目凹型高台

［レッスン❶］
染付と印判手

染付は、白い磁肌に呉須で絵付けをし透明釉を掛けて焼成。その絵付けのことをいう。印判手は、同じ模様を量産するため型絵による染付技法。18世紀伊万里ではコンニャク印判が行われた。江戸期の印判は紙摺りだったが、明治以降は銅版。

ニワトリとロバがいて、
モザイク模様がすっきりとあか抜けている。
しゃれた皿なのに安いね

▲印判手モザイク動物文小皿
5000円【利菴】
明治時代　瀬戸
径13
印判手は、明治には瀬戸でも盛んに作られた。モザイク模様は銅版によるもの。

染付散りれんげ▶
(右)6000円　他各5000円【桑納】
江戸後期　伊万里
(中)長9 (右)長10.5
手軽に描き散らされた日用道具で、
馴染みのある模様が描かれる。

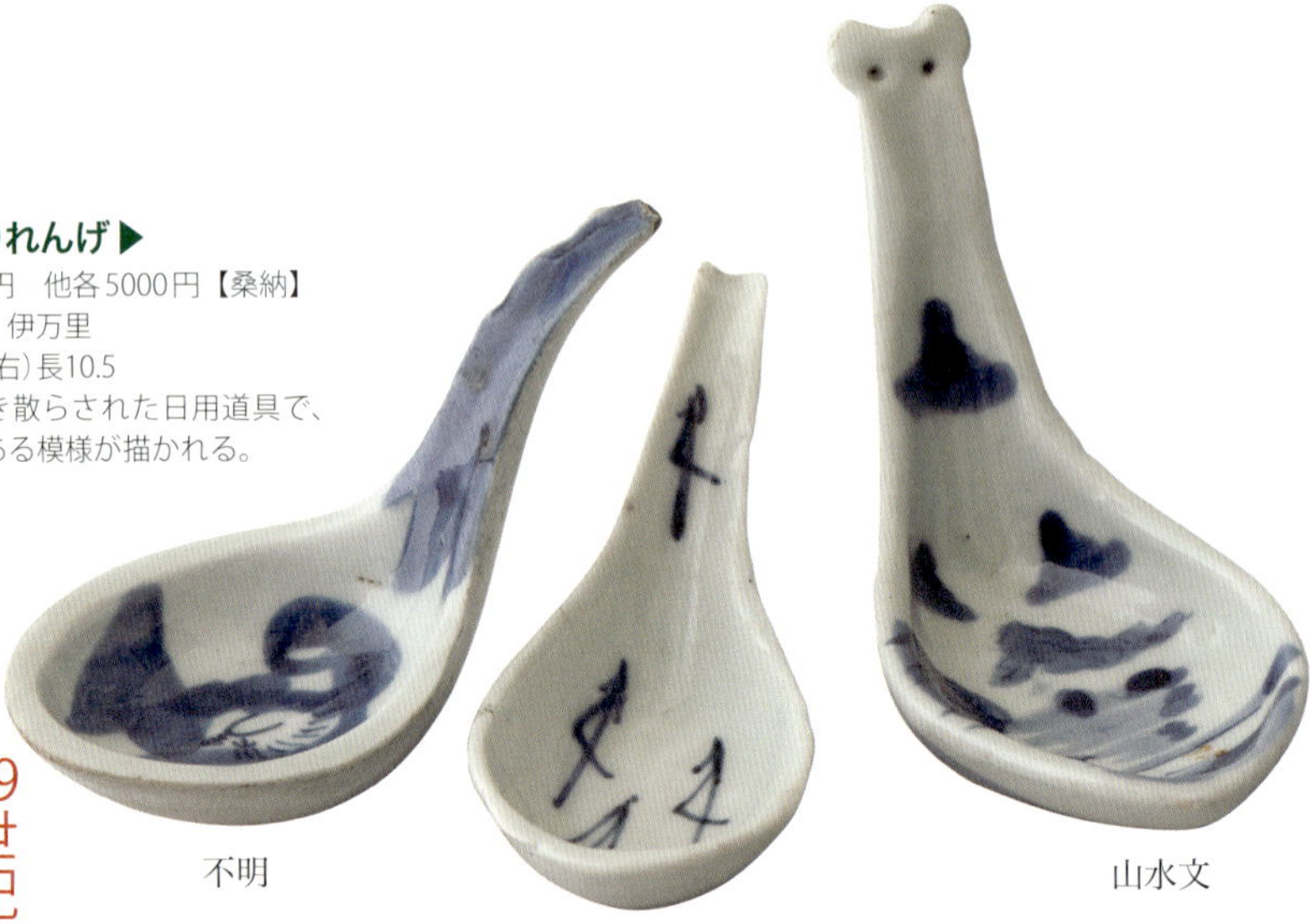

不明

松葉文

山水文

19世紀には地方窯が爆発的に増えた。
淡路焼は、そんな時代を見通せる
やきものといえる

瑠璃釉変形皿▼
各6000円【桑納】
江戸後期　伊万里
長径9.3　高2.5
呉須の単色釉は、色褪せた
色調が使いやすい。

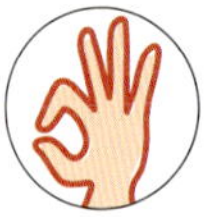

〔レッスン❷〕
瑠璃釉と濃

瑠璃釉とは透明釉に酸化コバルトを調合した磁器用の青色釉で全面に釉掛けしたもの。上の瑠璃釉の器も裏に釉が掛けられている。同様に青色を呈する濃(だみ)は、呉須で塗りつぶして透明釉を上から掛け、筆の跡が残ることも。

〔レッスン❸〕
淡路焼

兵庫県稲田村の賀集珉平が文政年間(1818年頃)に創始、珉平焼とも。尾形周平を京都から淡路へ招聘し、山林田畑を売り払い製陶に情熱をかけた。茶褐釉や白釉を創製。軟陶彩色の美しい色合いのものを焼き、藩窯が築かれその経営にもあたった。

淡路焼豆皿▼

各5000円～15000円【利菴】
江戸末～明治　兵庫県
（右上）黄釉龍文楕円小皿　10×7.5
黄釉、瑠璃釉、緑釉、褐釉などを駆使。淡路島の白土で焼かれ、京都粟田焼の雰囲気をもつ。

黄釉龍文楕円小皿

▲リキュールグラス

3800円【UNTIDY】
19世紀　フランス
口径6　高8　これは5000円しない。
小さな円盤でガラスに模様を彫るグラヴィールのぶどう模様が愛らしい。

5000円から9000円台

型の吹きガラスは安いが、
なかなか気に入るものに
出合えない。
これは、少々古くて
やきものの味に通じる。
一杯やりたくなる。
結婚祝いに
ペアで贈るのもいい

ガラスは厚みを感じさせる
大小の気泡が無数に生じている

▲キャンドルホルダー
各8000円【uchiumi】
19世紀　フランス
口径7　高7
型に入れて作った吹きガラスで、成形の際の小さな泡が味わいをかもし出す。

［レッスン❹］
ガラス

ガラスの歴史は古く、紀元前18世紀にはメソポタミアで古代ガラスが作られていた。吹きガラスの発明は紀元前1世紀。これにより飛躍的にガラス器の生産が始まった。宙吹きと、型吹き、プレスや鋳造などの技法で、加飾法もエナメル絵付け、グラヴィール、エッチング、切子など多彩。

▲傷もの瓶子いろいろ
各5000円～15000円
【吉戸】
19～20世紀　沖縄
湧田焼、壺屋焼を中心に八重山焼なども。写真の右2本は対瓶、高台の大きなものは瓶子、左は油壺。ちなみに完品の壺屋焼撫子文瓶子（右【観宝堂】）は35000円。
高14.7

右は観宝堂。沖縄に本店があり、沖縄や九州ものに強い。
隣は、子息・吉戸幹雅さんの店。

お祝い事で泡盛を入れて運んだのが嘉瓶（ユシビン）。対瓶（ツイビン）と瓶子（ビンシー）は、先祖へのお供え用だった。安い傷ものから掘り出しものを見つけて勉強すればいいよね

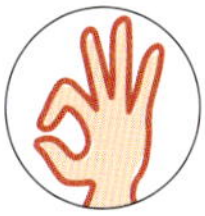

［レッスン❺］

沖縄のやきもの

沖縄のヤチムン（やきもの）は、琉球王府が17世紀後半に湧田・知花・宝口の窯を統合し、壺屋焼を始めたことから発展する。ほかに喜名焼、八重山焼などがある。瓦のほか、日常の器も焼成。焼き締めの陶器は荒焼（アラヤチ）、釉薬を使った陶器は上焼（ジョウヤチ）と呼ばれる。

陶器に白釉で化粧していて、質感は少し硬いが、器が強いと花やモノも生きる

白釉しのぎ筒もの▶
6000円【uchiumi】
19世紀　イギリス
口径9.8　高13.5
しのぎによる縦縞模様の筒もの。白い陶器は、どんな花を入れてもよく映る。

▲鳥の水入れ
4000円【uchiumi】
20世紀　イタリア
口径2.8　高4.8
取っ手を鳥用のケージ柵にさして、木串などで止める。小さいが愛らしい形は、路傍の野花を飾りたくなる。陶器だが、中にも釉が掛かっているので水は漏れない。

［レッスン❻］
しのぎ
やきものの側面をヘラで細かく掻き取って、境目にできる稜線の文様。シャープな印象を与える。

曲げわっぱは、ご飯が冷めても美味しいから日本ではお櫃《ひつ》や弁当箱に使われてきた。北欧でもランチボックスに使うんだね

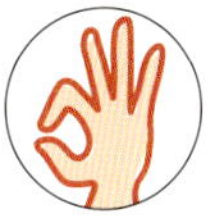

▼曲げわっぱ
9800円【UNTIDY】
時代不詳　スウェーデン
口径18.5×13　高19
蓋をスライドさせて使うランチボックスらしい。日本では桜だが、籐で合わせ目を綴じる。

蓋はずらして開ける

綴じ目で曲げわっぱと分かる

アールのついたカーブの処理がきれい

塵《ちり》取り▶
3000円【UNTIDY】
昭和初期　産地不詳
23.5×24　高5
ブリキで作られ、切り口は5ミリメートルほど折り曲げてあるきれいな仕上げ。

10000円から20000円台で見つける

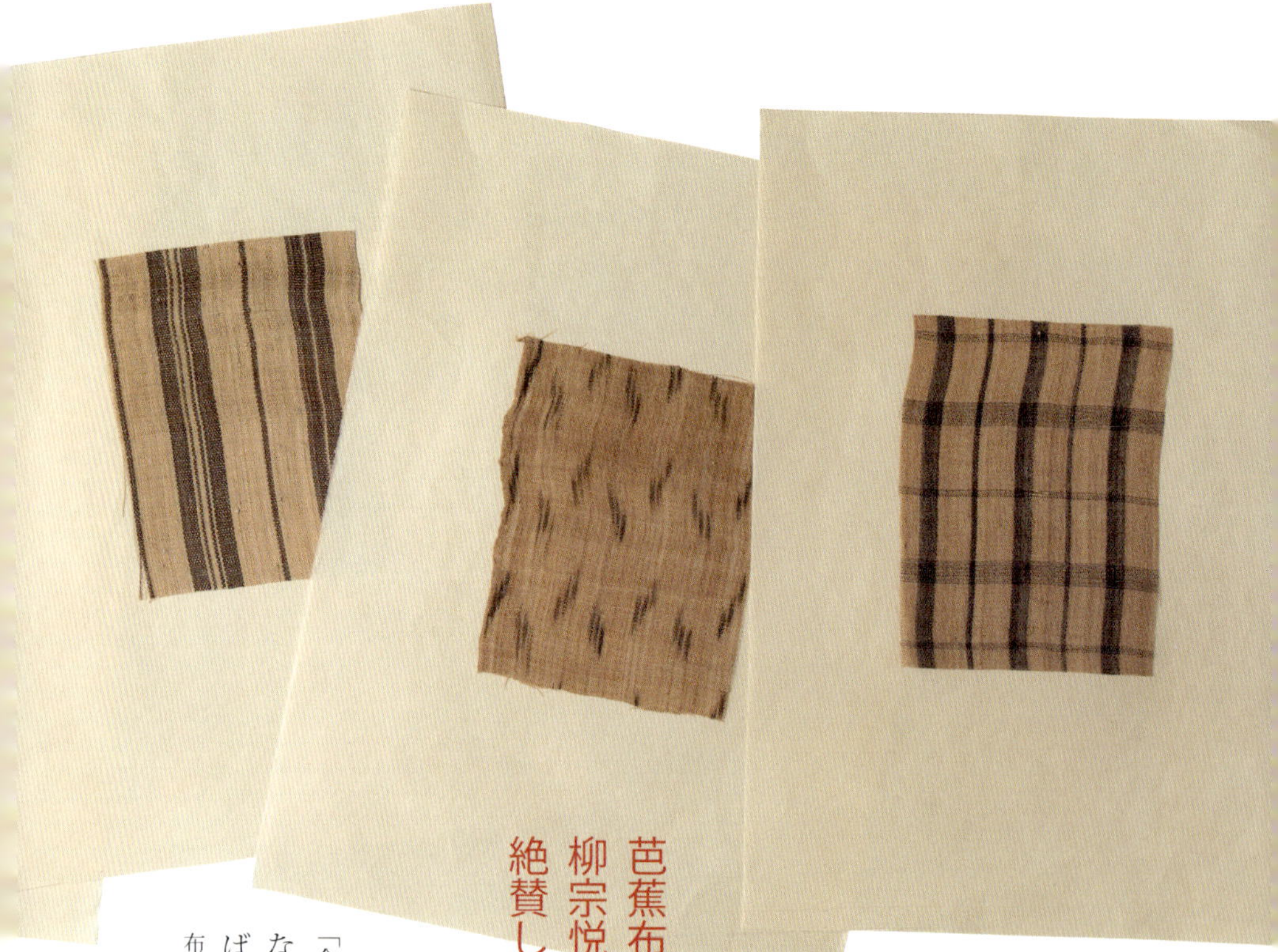

芭蕉布も丹波布も
柳宗悦が見出して
絶賛していた裂です

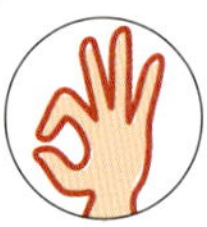

「今時こんな美しい布はめつたにないのです。いつ見てもこの布ばかりは本物です」（柳宗悦『芭蕉布物語』）

▲芭蕉布古裂セット
5枚組15000円【観宝堂】
19〜20世紀　沖縄
14.5×9.5（1枚の大きさ）
糸芭蕉の繊維を糸にして織る。庶民の芭蕉布は、茶か藍の模様で、絣柄は、明治中頃以降。

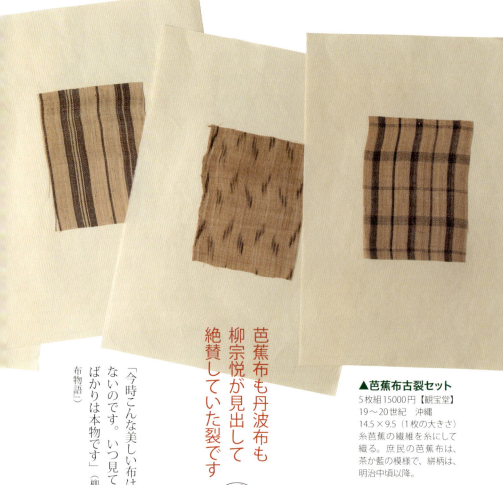

◀**丹波布**
25000円【桑納】
明治時代　兵庫県
50×31
江戸時代から明治まで、兵庫県で織られた手織り木綿。しゃれた味わいは需要が多い。

「用ゐられた色の種類僅かに四種。茶と緑と藍と白と。そうして是等の濃淡、複合によつて驚くべき多様の『縞もの』を産んだ。(略)いつも気づかれるのは其色調の美である」(柳宗悦『工藝の道』丹波布二種)

◀**手紡ぎ手織り木綿**
15000円【山法師】
時代・産地不詳
130×30
とろとろの古布。丹波地方で家庭用に織られた丹波木綿のようだが、不明。

［レッスン❼］
丹波布

兵庫県の青柿町佐治で織られていた木綿は、蒲団側として京都に出荷、佐治木綿と呼ばれた。経緯(たてよこ)手紡ぎの木綿糸を用い、屑繭から引きだした白いつまみ糸が必ず織り込まれているのが特徴。柳宗悦が丹波布〈タンバヌノ〉と命名。タンバフとは言わない。

城内で焼かれた御深井《おふけ》は、上手《じょうて》の器。
ころ茶碗は、くらわんかの庶民の器。
並べると雰囲気の違いが歴然とする。

しっとりした肌合いをしている。
細かい貫入の染みが
表にも裏にも入って味を増す

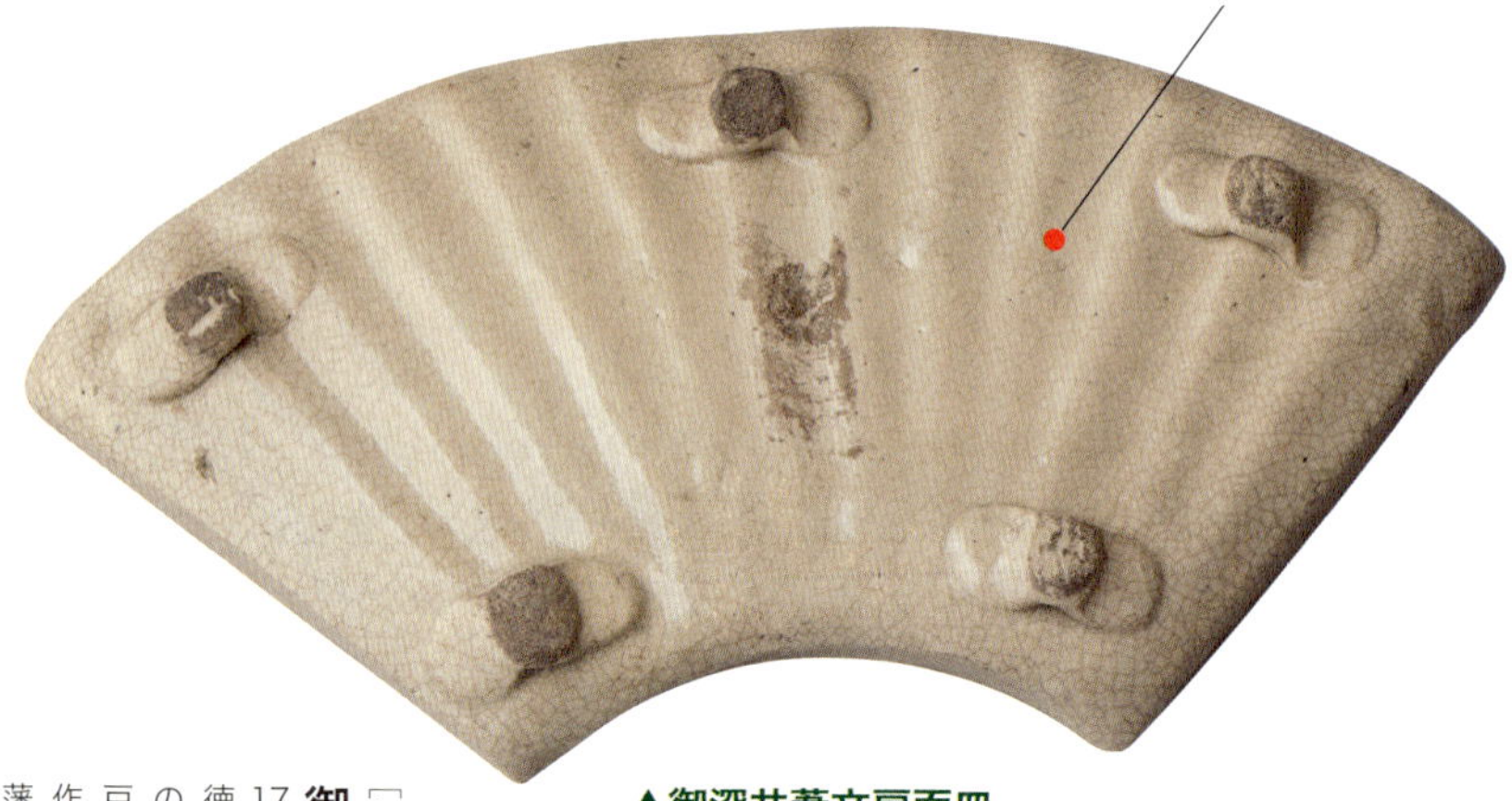

▲御深井葦文扇面皿
28000円【天宝堂】
江戸中期を下がった頃　名古屋
長径24
黄味がかった肌、筆太の鉄絵に雅趣が漂う。御深井焼は尾張徳川藩の御用窯。

［レッスン❽］
御深井焼

17〜18世紀にかけて、尾張徳川家の藩祖義直が、城内の御深井丸に陶窯を築き瀬戸から招いた工人によって作らせた御用窯（江戸時代、藩主専用の器や産業保護のために設けた窯。御庭焼は藩主のお楽しみ窯）のやきもの。御深井釉と呼ばれる透明な淡黄緑の灰釉が特徴。

扇面
（祝いの席に使う柄）

梅樹
（花びらは、下に3弁描いて梅を象徴。
非常にうまいデザイン）

なずな
（上下になずなを置いて愛らしい）

格子
（垣根を模様にした日本の定番模様）

丸文
（この丸文は水辺の草を
デザインしている）

▲くらわんかころ茶碗いろいろ
各20000円～【天宝堂】
江戸後期　伊万里
口径7　高5.3
カーブを描く立ち上がりが、なんとも
いえずコロンと愛らしい。手になじみ
酒の器として人気。

［レッスン❾］

ころ茶碗

早くから下手(げて)物とされた伊万里にも注目した秦秀雄は、この手の茶碗にも着目したが、著書の『古伊万里図鑑』では〝くらわんか茶盌〟とのみ紹介。一体、誰が名付けたのかは不明だが、いつからか世人にころ茶碗と呼ばれるようになった。その形(なり)にぴったりの愛すべき名称である。

こっちの横は、かすがい
（材木と材木を繋ぎ合わせる
ためのコの字型の釘）を
打って直してある。
ボンドもない時代だから、
大事に使っていたことが
分かるね

割れ目の外側から、
かすがいの直しが施してある

◀江戸塵取り
22000円【天宝堂】
江戸時代　産地不詳
24×35　高27
行き届いた造形の妙。江戸時代、生活を大事にしていた庶民の日常が塵取りから浮かび上がり心が温まる。

身の置き場がないほどモノがぎっしりの天宝堂だが、店主の見つけた古道具に尾久さん喝采。

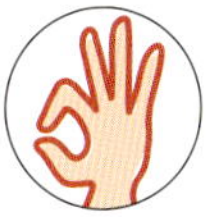

これは秀逸だと思うよ。
こういうものを店に置く
ということ自体がすごい。
売れて手離してしまえば、
もう二度と
手に入らないものだ

軽いから杉板だろうか。
最初は白木だったのかな。
ここまでいい味が
つくとは……
働き者だったんでしょう

持ち手の造作も美しい

使い込まれ枯れた木の味わいが、
なんともいえずいい雰囲気

これは僕のまったく知らない世界。
靴というのは骨董で紹介されてないけれど、
時代を超えたしゃれた味があるね

▲革靴
18000円【UNTIDY】
19世紀　セルビア
長23　幅9
コソボ紛争や内戦、ユーゴスラヴィアの崩壊など激動のセルビア。生き残ってきた靴は、特徴ある形でオブジェの様相。

素材が硬い金工は、必然的に単純な仕上げになって、用途に忠実で美しい。こんな道具類さえきれいな形だ

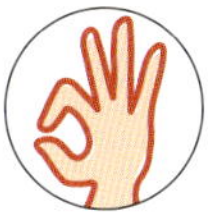

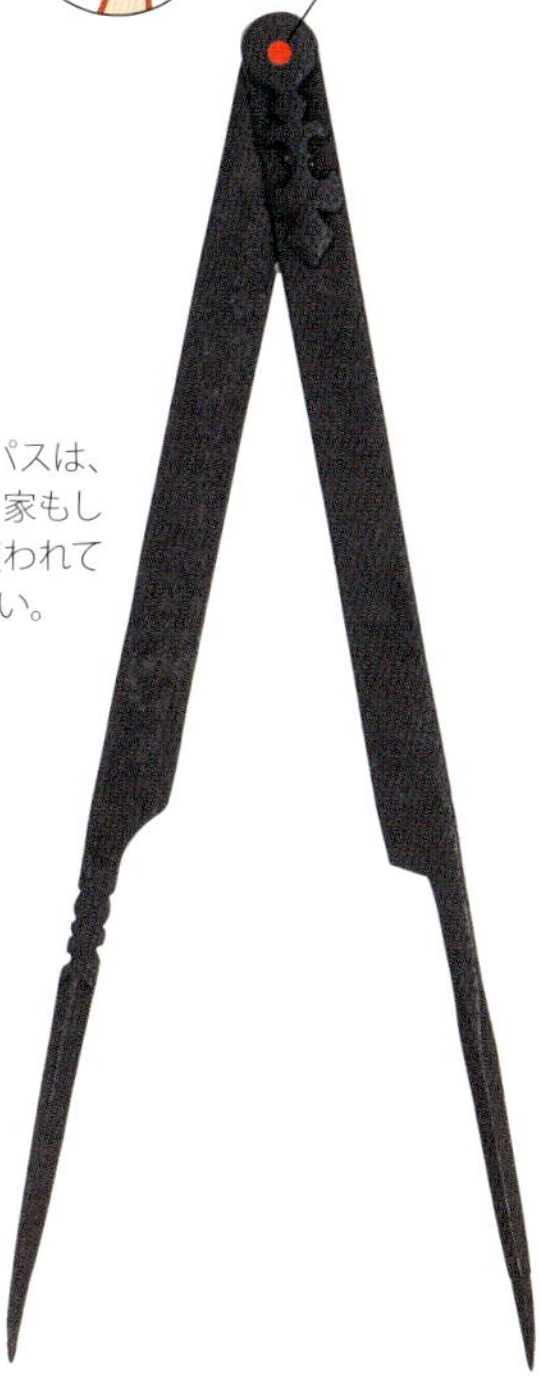
これが百合の紋章

コンパス▶
28000円【UNTIDY】
19世紀　フランス
長57
シャープな鉄のコンパスは、百合の紋章入り。王家もしくは貴族の邸宅で使われていたもの。鉄味もいい。

▼ろうそく芯切り鋏
18000円【UNTIDY】
18世紀　オランダ
長12　箱の高2
先端には小さな箱のようなものがついていて、切った芯を箱の中に挟み込める仕掛け。現代でも使用可能。

この中に芯を入れて挟む

レースのようにきれい

バスケット▶
28000円【UNTIDY】
19世紀　フランス
37×31　高15
フランスでもこの形は珍しいというバスケット。レース編みのような美しさ。

志野のような、いい雰囲気だね。
香炉にしてもいいが、蓋を作ると
茶入としても使えるね

瀬戸線香入れ▶
10000円【天宝堂】
江戸後期　瀬戸
口径5.5　高3.8
無数の貫入ジミ。小さな器ながら貫禄ある古色を帯びて味わい深い。

◀▶**稲荷の狐**
一組20000円【天宝堂】
江戸後期　産地不詳
高6.5
農業神のお稲荷さんは人気アイテム。木彫の狐は高価だが、これは泥。風化状態に愛らしさが。

◀**華鬘の鈴**
15000円【天宝堂】
江戸後期　産地不詳
高4.5　幅2.8
仏前を荘厳する仏具、華鬘（けまん）の先に小さな鈴を飾る。白洲正子が好んだ鈴は、法隆寺や中尊寺の鈴。この鈴も鳴るのが魅力的。

「寂しい時、この鈴（註：白洲さん所蔵の法隆寺の鈴）を振ってみると、推古の音がする。そして、子供の頃に見た法隆寺のあたりの景色がよみがえって来る」（白洲正子『夕顔』「法隆寺　鍍金鈴、推古時代」）

人生の節目に欠かせない餅は、
韓国の人々の食文化の一つ。
典型的な朝鮮の民具だが、石製は珍しい

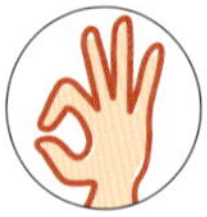

▲李朝餅型（黒の石製）
各28000円【桃凛】
朝鮮時代後期　韓国（朝鮮）
（右）径8.5　高5.5　（左）径7.5　高6.5
現在、餅型はコレクターズアイテム。

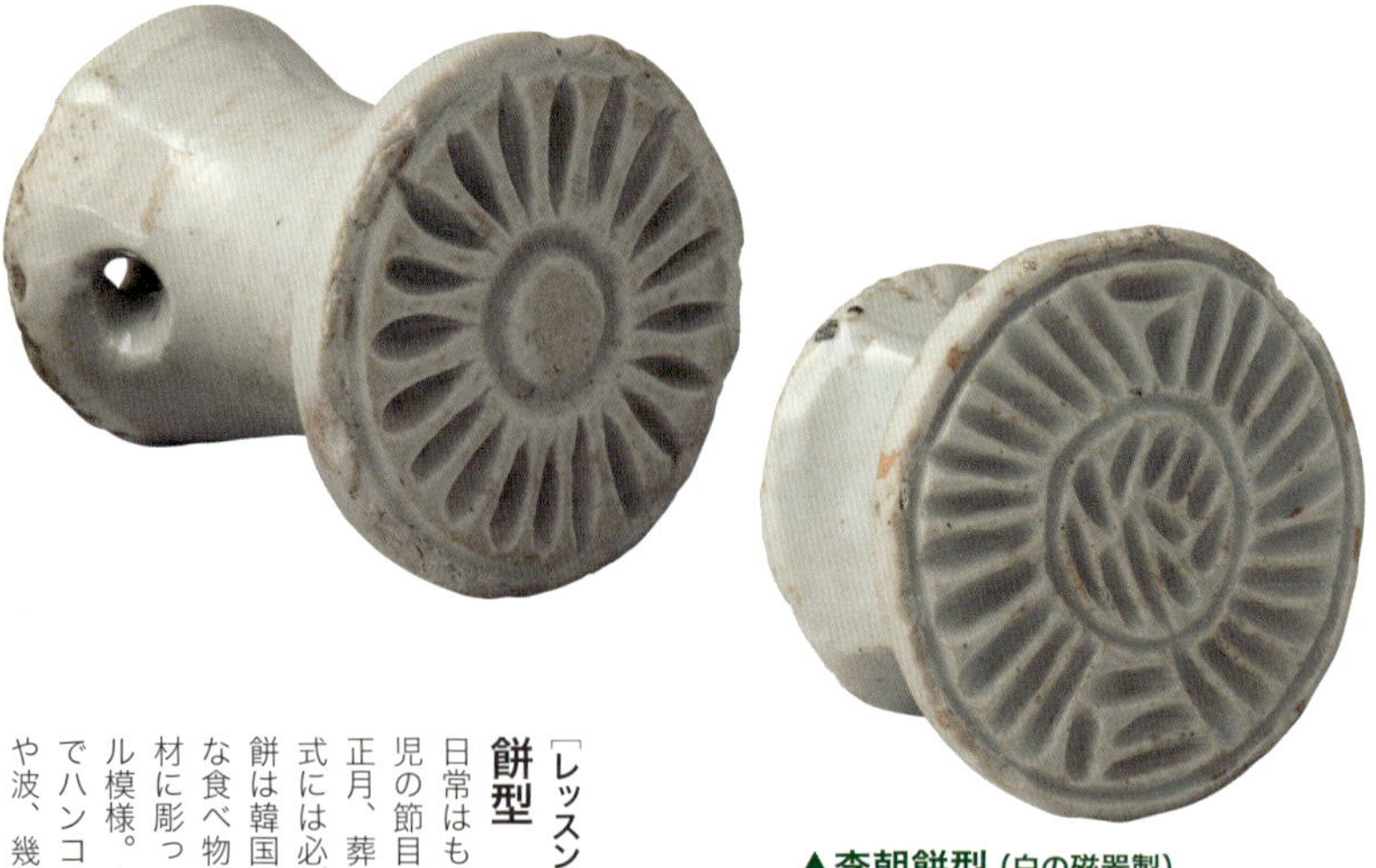

▲李朝餅型（白の磁器製）
（右）18000円　（左）9000円【砧】
朝鮮時代後期　韓国（朝鮮）
（右）径6　高4　（左）径5.5　高6
餅に愛らしい模様を押す磁器製の型は、宮中での使用という。右は両面に型がある。

［レッスン⑩］
餅型
日常はもちろんのこと、幼児の節目のお祝いや結婚式、正月、葬式など、大切な儀式には必ず供えられるほど、餅は韓国の人にとって身近な食べ物。庶民は松など木材に彫った型によるシンプル模様。宮中では磁器の型でハンコのように押す。花や波、幾何模様などがデザインされた。

古い漆は産地を特定しにくいが、
荒削りな厚みはおそらく浄法寺系統でしょう。
口の脇に飛んだ黄漆がほくろのようだね

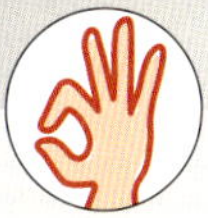

漆塗り片口▶
22000円【草友舎】
江戸後期　産地不詳
口径21（注ぎ口まで）
高7
東北か、または北陸で作られたものと思われる。鑿跡が残り豪快な印象。黄色い漆が飛んでいるのも愛嬌がある。

さかずきの意味の鐘は、中国の呉音や
朝鮮音のChong。チョコやチョクともいう猪口は、
日本での当て字。背が高くすっと立ち上がった
猪口は、“のぞき”とか“酢猪口”とも呼ばれる形で、
盃としても重宝だね

亀甲文
色絵籠目文
松葉文
格子文
線文
ジグザグ文
立涌文
薄瑠璃墨弾き網目文

▲古伊万里猪口いろいろ

左は30000円 、右 の亀甲文は50000円だが、ほかは15000円（松葉文）～20000円【利菴】
江戸時代（18世紀）　伊万里
亀甲文は口径5.5　高6.5
のぞき猪口は、溜り醤油などを入れるのに使われたという。文化文政から明治にかけて数多くの模様の猪口が作られた。今夜はどれで呑もう。ぐい呑みとして、手のひらには恰好の大きさ。

祖父が茶人で、古いものに囲まれて育ったという利菴の主人。
小原流会館B1Fに店を構える。

［レッスン⑪］
墨弾き
染付の中に細かな白地の抜き模様を出す手法。墨で描いた上から呉須の顔料を塗って空焼きすると、墨の部分の顔料が燃えて白抜きの模様になる。

30000円から50000円台で見つける

元は箸入れでしょう。柱に吊るす穴がある。幹をくり抜いて、底の穴は埋めてあるが、おそらく水切りのための穴だよ。掛花入れに使ったらとてもいい

▲箸入れ
30000円【桃凛】
朝鮮時代後期　韓国(朝鮮)
径9.7　高13
店では筆立てとして扱っているが、元は箸(匙)入れというのが尾久さんの推測。花を入れる時は、中へ落しを入れて。

▲クルエットホルダー
45000円【桑納】
18世紀　オランダ・デルフト
長径14.5　高6
クルエットは、食卓用の酢や油を入れる薬味入れ。シルバーが多く、白いデルフトは珍しい。

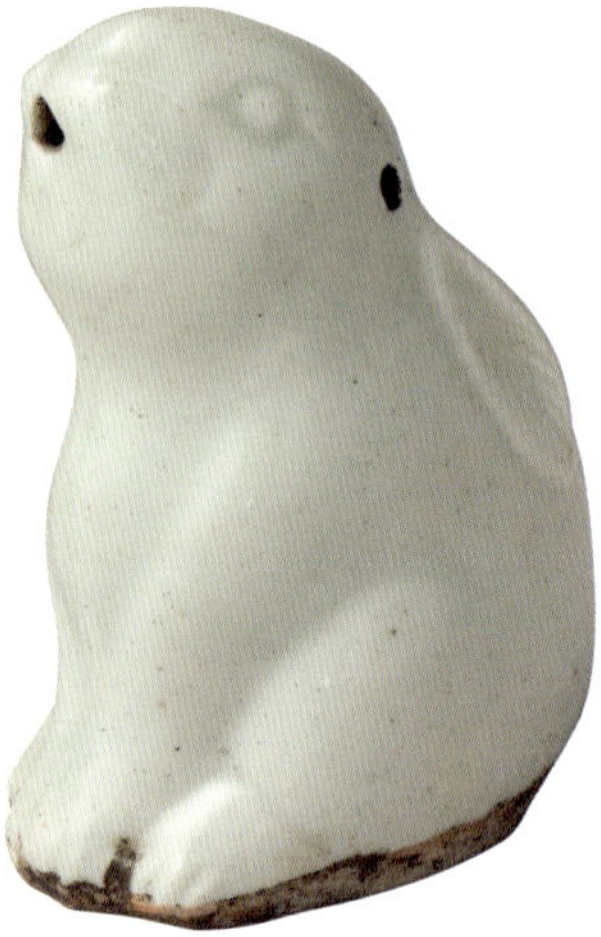

水滴▶
40000円【砧】
江戸後期　平戸
長径6.5　高8.5
ちょこんと座った兎の水滴は平戸焼。水に沈めて水を満たし、口から硯に水を垂らす。愛らしい。

［レッスン⑫］

平戸焼

平戸藩主松浦鎮信が朝鮮から連れ帰った巨関に築かせた御用窯。いい陶石を求め三川内へ移って開窯したので三川内焼とも呼ばれる。透かし彫りなどの精妙な作は、ヨーロッパの注文に応え、文化から天保にかけオランダや中国へ盛んに輸出された。

もしかして蓋があったかもしれない。
ビールを入れた器じゃないかな。
堂々としてたくましい

▲黒釉ジョッキ
38000円【UNTIDY】
19世紀　スウェーデン
口径14　高19
陶器のビールジョッキは、ガラスに較べきめ細やかな泡が立つ。蓋があれば、炭酸ガスが逃げるのを防ぐ。

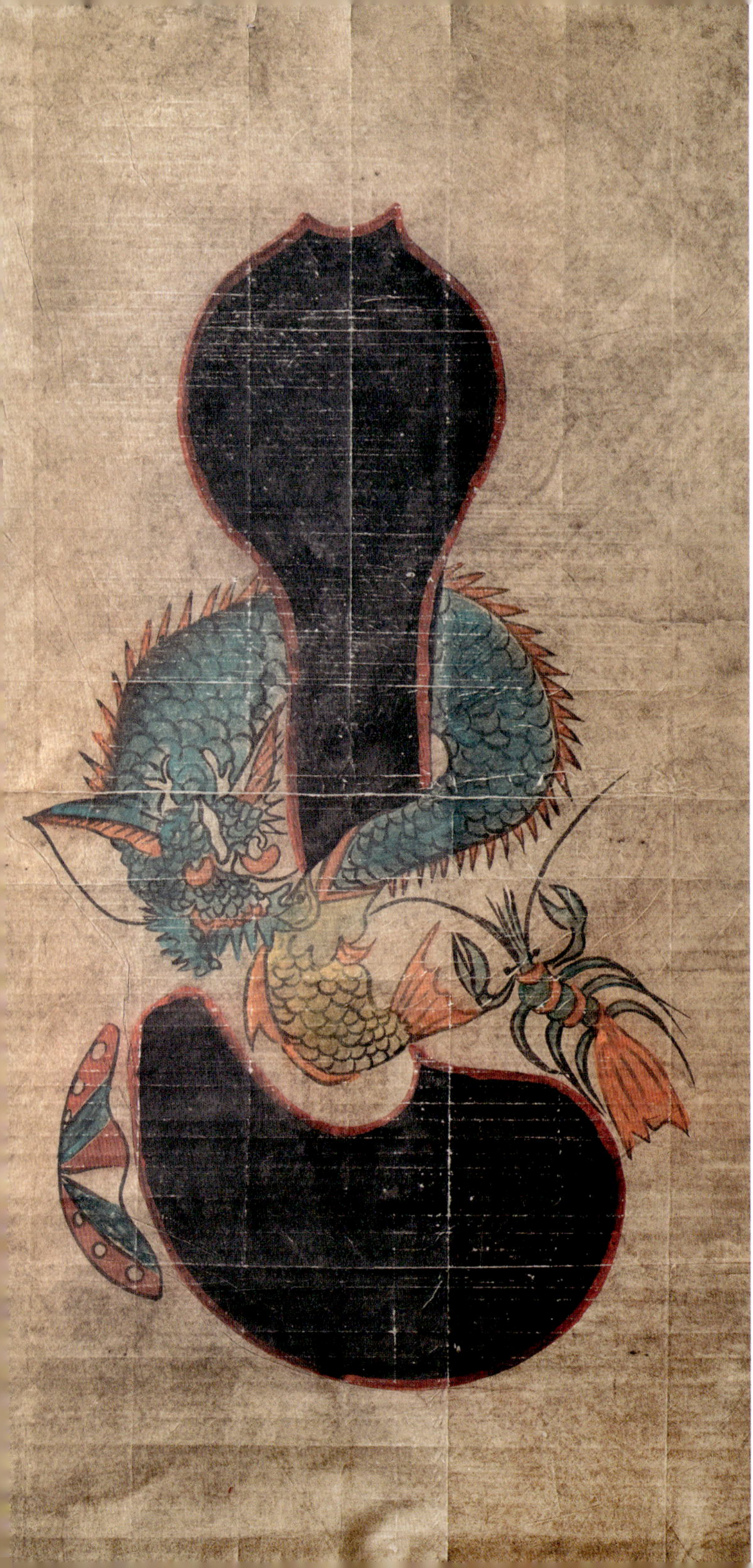

こりや、いい絵だね。素晴らしい。文字絵は中国の故事と関係があるんです。民画には、正統画にはない面白《おもしろ》さがある。めくりとはいえ、この価格はお買得です

▲▼緑釉小皿
50000円【吉戸】
遼時代　中国
長径14
10世紀〜12世紀まで内蒙古の契丹族が支配した中国北方の遼。遊牧民の彼らが作ったのは独特な形。これは枕の形で死者の頭を載せた副葬品と思われる。

「これは面白い。いいな、いいねえ」民画を見て興奮気味の尾久さん。

口には、削り跡が見られる
だいぶかせた感じがいい

［レッスン⑬］
李朝民画
朝鮮時代の住まいを飾った生活画。書斎には文房之図、主婦の内房には多産を祈る蓮池水禽や花鳥画が飾られた。多くは民間の絵師による無銘の絵。

［レッスン⑭］
文字絵
朝鮮時代の儒教的な倫理観を反映。「孝悌忠信礼義廉恥」の八文字に、中国の故事にちなむ事物を組み合わせる。忠は、楚の忠臣、屈原の故事に由来。忠節の節を強調した竹や海老、屈原に由来するドラゴンボートにちなむ龍が描かれる。

李朝民画文字絵「忠」▶
50000円【利菴】
朝鮮時代（19世紀）　韓国（朝鮮）
85×45
「忠」を表す文字絵。字画に龍を絡ませ、絵そのものが文字となっている。忠は、王様に対して臣下として忠義を尽くすという意。

◀▲染付輪線猪口

35000円【天宝堂】
明治時代　瀬戸
口径7　高5
単純でいつ見ても飽きない輪線模様。轆轤(ろくろ)を回しながら描く達者な筆さばき。見込みには不思議なマーク。裏には輪が小さい明治期の蛇の目高台。

コレクターに人気の菊花模様

大正ガラス搔き氷コップ▶

40000円【砧】
大正時代　産地不詳
口径8　高11.8
オパール色の矢羽、菱、鱗、菊花などの模様が、大正ロマンを伝える搔き氷のコップ。あぶりだしの技法(骨灰を用いて温度差によって乳白色の模様を発色させる)で模様を出す。珍しい菊花模様は、人気がある。

［レッスン⑮］

日本のガラス

日本人がガラスを使うようになったのは古墳時代だが、一般に使用するようになったのは江戸に入ってから。吹きガラスは〝びいどろ〟、彫刻を施すカットガラスは〝ぎやまん〟と呼ばれた。江戸後期には加賀谷久兵衛が魚々子(ななこ)カットを施した江戸切子を生み出し、料理の器から雛道具や文房四宝まで江戸の粋を映し出した。島津斉彬が作らせた薩摩切子は、色ガラスを被せた美しい製品だったが、数十年で終焉した。

▼デルフト市松文タイル
各35000円【利菴】
18世紀　オランダ・デルフト
13×13
デルフトタイルは18世紀が頂点。建築資材に用いられ、フェルメールの絵画にもある。市松には染付の濃（だみ）の筆跡が残る。

［レッスン⑯］

デルフトタイル

オランダ各地で生産されたタイル。古いタイルは壁から剥がすので損傷の度合いを見ることが大切。初期の粘土は赤褐色で厚みがあって重い。17世紀半ば以降は、灰色で次第に薄くなる。19世紀以降は灰白色になり白さを帯びる。大量生産化のため、段々、絵などが簡略化していく。同じ模様を繰り返し使ったため、模様での時代判定は難しい。

初期伊万里に続いて、
染付の柿右衛門が生まれる1670年頃まで
作られた藍《あい》九《く》谷《たに》。日本へ輸出された古染付。
３枚はほぼ同時期の皿です

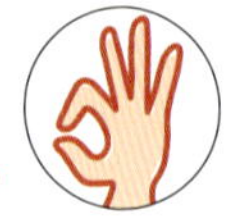

▲古染付楼閣山水図7寸皿
30000円【吉戸】
明時代末（17世紀）　中国・景徳鎮民窯
径21
従者を連れて馬に乗る旅人の高士や目指す楼閣、流れには漁師も描かれる中国の典型的なモチーフ。

藍九谷染付輪文皿▶
50000円【uchiumi】
江戸前期（17世紀）　伊万里
径14.8　高2.8
高台も薄造りで材料も吟味された白い肌。描き込まずに藍の輪線文だけをすっと描く洒脱さ。

◀古伊万里初期色絵皿
58000円【桑納】
江戸前期（17世紀）　伊万里
径14　高3
芙蓉手を、緑と呉須で描く。17世紀半ばに柿右衛門の濁し手色絵が成功した。これはいわゆる柿右衛門窯ではないが、初期柿右衛門と見なす向きもある。

「もし先生がいるとすれば、それは花器であり、調度である。器にしたがって、花をいれ、置き場によって、形を変える」

「花をいける時は、蕾がいい。蕾の方が新鮮であるとともに、多くの可能性を秘めており、開いた時の美しさを想像させるからである」（白洲正子『花』）

◀野菜籠
35000円【桑納】
明治時代　産地不詳
胴径50　高40
大きな籠は、いい味のものは少ないが、これは農家で使われていた野菜入れと思われる。口の処理がしゃれており、花を添えると器と花が一体となり籠が生きる。

▲魚籠《びく》花籠
35000円【川崎】
明治～大正　産地不詳
口径10.5　高15
竹を編んだ籠はいろいろあるが、これは大きさも状態もほどよく使いやすい。

［レッスン⑰］

籠花入れのいろいろ

籠花入れは、唐物と和物に大別される。中国渡りの精緻な唐物に対して、和物はざっくりし素朴な造形。蟬籠、鶉籠、蛇籠など侘びた名前がある。文人籠は大ぶりな荒組み籠が多い。左の山葡萄の蔓を編んだ砥石入れには、使い込まれた味と自在さがある。(左)砥石籠花入れ(15000円)【桃凜】

60000円から90000円台で見つける

ここにリードをつけたのだろうか、
飼犬と推定される

◀▼青釉褐緑彩犬形水滴
68000円【吉戸】
唐時代（10世紀）　中国・長沙窯
長6.5　高6
中国湖南省長沙市望城県銅官鎮にある長沙窯は、唐時代に開窯。9世紀頃から鉄や銅を用いた簡略な釉下彩を焼成。愛犬をモチーフに焼かせた水滴か？

釉下彩

水滴の水は口から入れて
口から出す

［レッスン⑱］
釉下彩
コバルト、鉄、銅などを含んだ顔料で模様を描いて、その上に透明釉を掛けて焼く方法で、コバルトは青で染付、鉄は茶で鉄絵、銅は赤に発色して釉裏紅と呼ばれる。

これは珍しい。僕の出身地、富山県のやきものです。流し掛けの迷いのない釉が勢いある模様になっている

越中瀬戸茶碗▲▶
85000円【天宝堂】
江戸後期　富山・越中瀬戸窯
口径12.5　高9
流し掛けは、江戸後期に増えてくる釉掛け。ひしゃくに汲んだ釉薬を器に瞬時に掛ける。厚みのある高台の造りが美しい。

［レッスン⑲］

越中瀬戸焼

富山県立山の瀬戸地区で焼かれたやきもの。加賀藩2代藩主前田利長が尾張の瀬戸から陶工を招いて焼かせたので、瀬戸村と呼ばれた。磁器と陶器を産し、藁灰木灰を駆使した多彩な釉薬を用いた大胆な施釉のものがある。

今捕まえるぞという鷹の形相と、
必死に逃げる兎の表情。動物の
それぞれがとてもよく描かれている

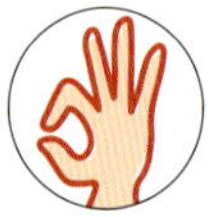

▲古染付猛禽図5寸皿

90000円【川﨑】
明時代末期　中国・景徳鎮民窯
径15.5
日本では、けっして器に取り込まない構図。生き生きした筆致で古染付ならではの味わい。

古染付釉《ゆう》裏《り》紅《こう》魚図5寸皿▶

60000円【川﨑】
明時代末期〜清初
中国・景徳鎮民窯
径15
魚と花を釉裏紅で描く皿。波か風を表現したのか、柳の枝が皿を回っているようなユニークな構図。

［レッスン⑳］

釉裏紅

透明釉下の素地に酸化銅で描いた文様を焼成で紅色に浮かび上がらせる下絵付け法。焼成が難しいが、大阪市立東洋陶磁美術館蔵の染付辰砂（しんしゃ）蓮花文壺は気品に包まれ味わい深い紅色。中国・元時代に始まり、日本では辰砂と呼ぶ。

軟陶にやきものの赤絵の絵付けをしたのではなく、
エナメル彩とは！　いやあ珍しい。赤い色が
不思議な色の味わいで、なかなかいいですね

▲デルフト赤絵皿
60000円【uchiumi】
18世紀　オランダ・デルフト
径22.5
赤はなかなか出せない難しい色だったため、釉薬を使用せず、ガラスと同じエナメル彩で模様を描いている。

いずれ一つは持ちたいと憧れるものだね

古伊万里染付撫子文猪口▲

65000円【草友舎】
江戸中期　伊万里
口径6.8　高5.5　底径4.3
骨董入門の第一歩といわれる猪口は、「模様に尽きる」と。楚々とした秋草の図は人気。小ぶりなので酒器にも。

フランス金彩入りバカラ▶

80000円【花徑】
18世紀　フランス・バカラ
口径8.8　高11
旧蔵者の箱には、「フランス金彩入バカラ十八世紀花生」と。金が入る古いガラスは総じてバカラと呼んだ。

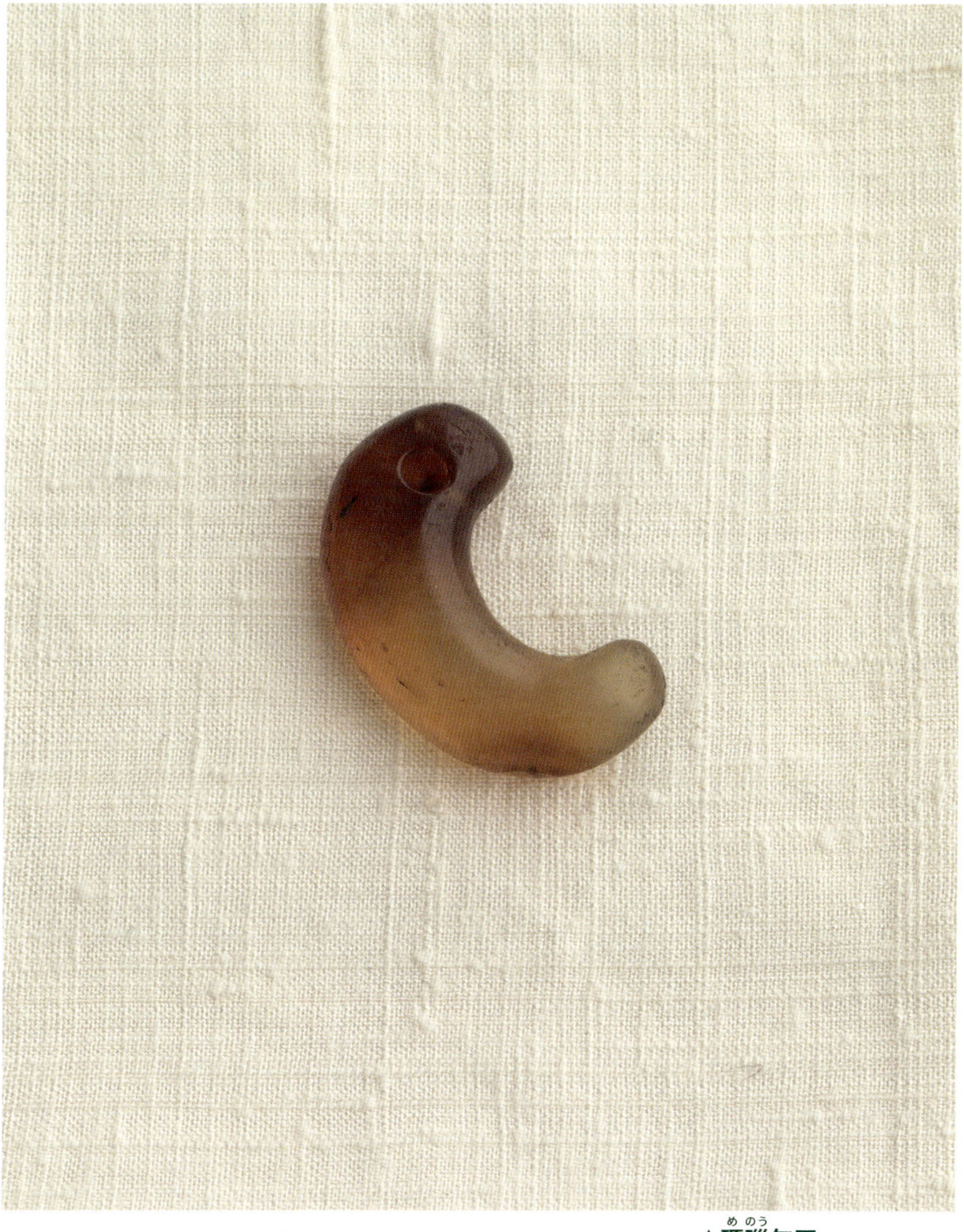

▲瑪瑙《めのう》勾玉
90000円【草友舎】
古墳時代　産地不詳
長3
勾玉は古墳時代の装身具のひとつ。瑪瑙勾玉のなかでは赤みが深く、形もよい。紐を通すための穴も鑑賞のポイント。

［レッスン㉑］
勾玉

勾玉の形については、動物の牙、胎内にいる胎児、また月ではないかなど、いろいろな説が語られてきた。使われている石は、瑪瑙のほかに翡翠(ひすい)、水晶、出雲石など。穴も時間をかけて彫られた。粗削りなものも多いので注意したい。

韓国には石の実用的な道具がたくさんある。中期のピッチャー、鍋、火鉢など、いずれも素朴で美しい姿をしている

石なのに
細かい細工をしている

石製蓋物▶
90000円【桃凛】
朝鮮時代　韓国（朝鮮）
9.5×14　高7
キセルに入れる刻みたばこ用蓋物。石をくり抜いて、裏には石を削った鑿跡も残る。蓋がなくなったり割れたりしたものが多い。

使われたまろやかな風合い

◀石製筆筒
80000円【桃凛】
朝鮮時代　韓国（朝鮮）
口径9.5　高9.5
石で突いて薬を作った薬研（やげん）の類だったと思われるが、使い込まれて撫でたくなるような丸みを帯びている。

初期の口は低く、
胴が張りだしている
光沢ある白い肌

李朝白磁小壺▶
80000円【砧】
朝鮮時代初期　韓国（朝鮮）
口径5.3　高8.3
初期のこの壺と面取り壺を較べると、李朝白磁の移り変わりが分かる。

立ち上がりを見せる口
面取りは中期に多い

◀李朝面取り壺
65000円【砧】
朝鮮時代中〜後期　韓国（朝鮮）
口径9.5　高８
壺や瓶の面を垂直に切り取るようにした面取りは愛好者が多い。これは12面だが稜線はやや甘い。小壺には調味料や液体などを入れた。

［レッスン㉒］
時代を映す李朝白磁

朝鮮王朝５００余年。窯場の変遷と共に、胎土も変わった。前期の道馬里（どうまり）窯の白磁はわずかに灰色味を含む光沢ある白。中期の金沙里(きんさり)窯は、やわらかい焼き上がりでやや濁ったような乳白色。後期分院窯では、釉に鉄分を含むので青みを帯び、堅く光を反射する。形は、前期では低く横に開いた口で、胴もぐっと張りだす。中期には、口が立ち上がりを見せ、面取りを多用。後期になると口造りが高く直立する。

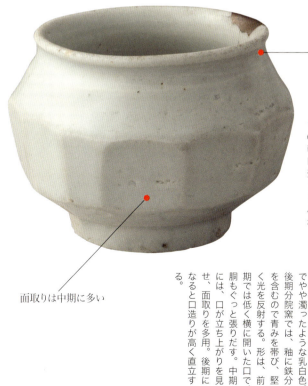

初期伊万里白磁しのぎ盃▶▼

80000円【草友舎】
初期伊万里（17世紀初め）
伊万里
長径7.5　高5.8
素焼きをせずに釉薬を掛けて焼成する初期伊万里は、肌がやわらかい。発掘品だが状態はいいほう。

高台は小さく厚く作られている

長い足が描いてある。
表情も個性的だ

▲◀古伊万里南蛮人鉢

75000円【uchiumi】
江戸後期（18世紀）　伊万里
口径10.5　高7
鎖国体制の江戸時代だが、古伊万里の図柄に登場する南蛮人は、当時の人の好奇心を伝える。

手を抜いてないね。
見込みにもきちんと
テーブルと食器と、
食べものまで描いてある

▲ガラス絵イコン
80000円【UNTIDY】
19世紀前半　ルーマニア
35×28.5（額込み）
ガラス絵によるルーマニアの聖画像は、17世紀前後から始まり、農閑期に農民画家が製作。各地で売り歩いた民間信仰の所産。18世紀の作だとガラスがゆらめく。素朴な絵に信仰心が宿る。

［レッスン㉓］
ガラス絵

透明な板ガラスの裏面に絵を描いて製作、表から鑑賞する。技法の確立は14世紀頃で、当初は宗教画に用いられてきた。大胆な色彩を用いながら素朴な味わい、またガラス面を通して見る特有の透明感などに魅力がある。

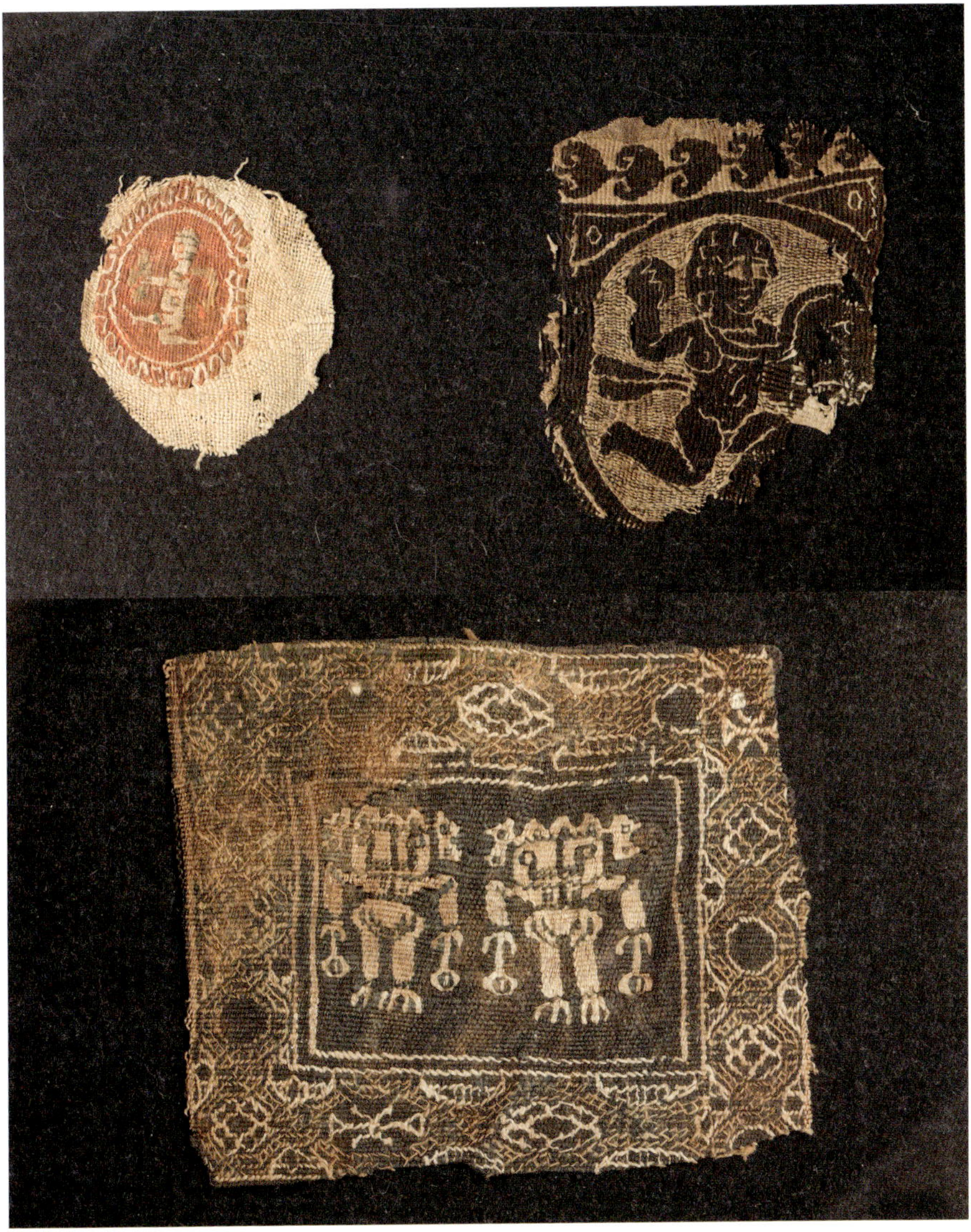

▲コプト裂

70000円（各上2点・下）【川崎】
5～12世紀　エジプト
（上）5.5×5　9×7
（下）10×13
エジプトの墳墓から出土した染織品。模様は、動物、幾何文、植物文、山水文など、日本の古伊万里のように非常に豊富。

［レッスン㉔］

コプト裂

3世紀から13世紀にかけ、エジプトのキリスト教徒、コプト人が織った綴（つづれ）織り。さまざまな色の横糸を細かく入れ替えることで具象的な模様を描いた。ヨーロッパのコレクターの間で人気をよび、綴織り＝コプティックと呼ばれた。衣服や壁飾り、死者を包んだ衣服など、乾燥した砂地に長い間、遺体と共に埋葬されていた。

▲◀壺屋焼黒釉灰釉
掛け分け飛鉋《とびかんな》火入れ

85000円【観宝堂】
18世紀　沖縄・壺屋
口径14　高8
残念なことにニュウが2カ所入っているが、掛け分けのバランスもよく、やきものとして味わい深い。

［レッスン㉕］
掛け分け
一つの器に、数種の釉薬を掛け流す施釉の方法。

［レッスン㉖］
トビカンナ
漢字で書くと飛鉋と書くように、轆轤（ろくろ）を回転させながら削り道具の鉋でチョンチョンとつけていく模様。

100000円以上で見つける

中国の完璧な白には劣るが、朝鮮陶磁としては、肌がとても美しい。緊張感もあって、朝鮮王朝で使われたものだろう

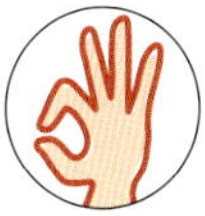

▲◀李朝白磁耳盃

120000円【草友舎】
15世紀　韓国(朝鮮)
口径7.2　高4.5
高台径3.3
耳は失われているが、端正で崩れてない気品を漂わせる李朝白磁初期の祭器。きりっとしていながらやわらかな碗の曲線が美しい。

▲▼李朝木の鳥

100000円【桃凛】
18世紀後期～19世紀　韓国（朝鮮）
長28　高7.5
一見、木を削っただけの鳥に見えるが、裏にかえすと、細かく象嵌されて羽がつけてある。

よく見ると、羽をイメージしたのか、
非常に細かい象嵌が施してある

［レッスン㉗］
チャンスン
村の境に、主として境界を示すために立てた木像。長い竿の上に鳥をつけた。

100000円以上

いやあ、これは見たことがないもの。チャンスンかと思ったが、後ろに穴がない。原始的な奠雁みたい。造形的に素晴らしい。魅力的だね

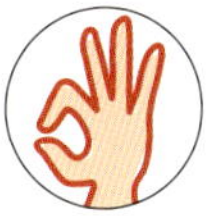

桃凛のオーナー　木村ひろみさんと

［レッスン㉘］

奠雁《てんがん》

一度契りを結ぶと終生離れない鴛鴦（おしどり）にちなみ、木工の奠雁が婚礼の儀式に使用された。相手は、あなた一人という意味を込め、一羽だけ持参。新郎が新婦の家に入るとき、新婦の母親に渡したという。

高麗から朝鮮時代になると白磁と紛青沙器《ふんせいさき》が同時に出てきた。白磁は高貴な人のもの。圧倒的に多いのが紛青沙器。土っぽいやきもので、飲むうちに酒が浸透する。育てていく楽しみがある。酒好きにはたまらない器です

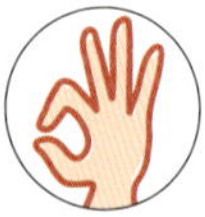

▼李朝三島手盃
130000円【桃凛】
15世紀　韓国（朝鮮）
径10.2　高3
象嵌や線刻などの模様をつけた三島小皿は、盃にほどよい。いい味がついている。

▼李朝刷毛目盃
100000円【桃凛】
15世紀　韓国（朝鮮）
径11　高4
白泥が表も裏もたっぷり掛かっている。

右の李朝三島手盃の裏と高台。

［レッスン㉙］
三島手
朝鮮王朝初期の15～16世紀に、陶工たちが高麗青磁の味を求めて作った。黒褐ないし灰色の土を用い、生乾きの肌に白土や黒土を埋め込み丁寧な象嵌を施した。この模様が、静岡の三島神社の暦に似ていると、日本では三島手とか暦手と呼んだ。

［レッスン㉚］
刷毛目《はけめ》
白くない素地に化粧土をずぶ掛けした粉引や、刷毛や藁で塗って上から透明釉を掛けた刷毛目が作られた。

李朝刷毛目皿▼

120000円【桃凛】
15世紀　韓国（朝鮮）
径13　高4
裏の刷毛目もきれいに出ており、目跡がくっきり残る。

粉引は白泥の化粧土を高台の内側まで掛けるが、無地刷毛目では高台の内側や回りを掛け残している。

［レッスン㉛］

目跡

器と器を重ねて焼くのに、高台が下の器の見込みにくっつかないよう器物の間に粘土の小さな塊や貝殻や砂を置いた。その痕跡を目跡といい、その様子も鑑賞する。

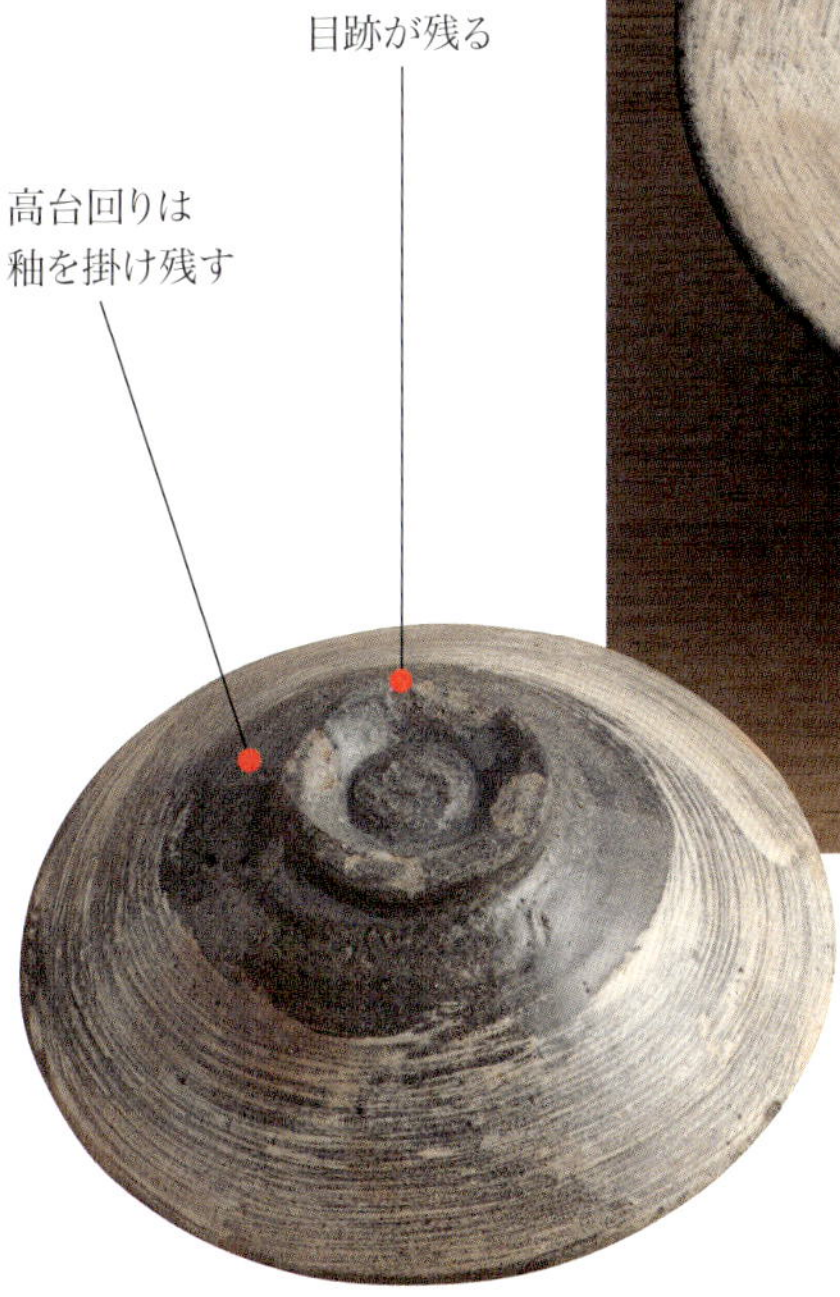

李朝刷毛目皿の裏と高台。

沖縄の小さな島々にも窯があったのが、
近年分かってきたんです。沖縄のやきもの、世界一
いいよね。値段を思うと、とても魅力的ですよ

▲壺屋焼黒釉灰釉掛け分け渡名喜瓶

150000円【観宝堂】
18世紀　沖縄・壺屋
口径2.5　高14
灰釉に黒釉を掛け分けたユニークな形の渡名喜瓶は、お神酒徳利だったと考えられる。

▲八重山焼焼締《やきしめ》花生

150000円【観宝堂】
18～19世紀　沖縄・八重山
口径8　高18
石垣島には小さな窯が5カ所くらいあった。昔は、その一つが宮良焼ともいわれたが、現代では八重山焼。石はぜがあり野趣豊か。

［レッスン㉜］
渡名喜瓶《となきびん》

名前の由来として、渡名喜島からの注文が多かったからと考えられているが不明。一説には渡名喜瓶を縦半分に切って寝かせた姿が、海上から渡名喜島を見た姿に似ているからともいわれる。

◀▼中世のタイル
各120000円【uchiumi】
14世紀　フランス
12×12.5×厚3
教会の床に貼られていたタイル。百合模様などは、30000円くらいからあるが、鹿や人物などが分かるタイルはレアアイテム。型で押して白い土を入れる象嵌のような手法。

朱塗りの深く冴えた味わい。
中塗りの黒が少し現れている

1本の木からくり抜いた
彫刻のようなお膳だね。
漆も輪花の具合もきれいでいいね

▲◀朱塗り梅型膳
100000円【天宝堂】
江戸後期　産地不詳
径26.5　高9
足もわずかに輪花風に削ってある。生まれたままのような木を髣髴とさせる造形。

くり抜いて、はつった
ノミ跡が豪快で、すごい！

▲白丹波墨流し壺
（右）100000円【利菴】
江戸時代（19世紀）　丹波
径12　高11
（左）90000円
径16.5　高12.5
丹波焼の焼かれた兵庫県篠山市は、六古窯に数えられる中世以来の伝統窯業地。一貫して日用の壺を焼成。これらも梅干し入れなどの容器。

［レッスン㉝］
墨流し
白化粧土を全面にかけた白丹波に多く用いられる加飾で、白い化粧土が乾かないうちに鉄釉を垂らして、器を動かして模様を作る。

「この松は実にいいね」と尾久さん。

行燈《あんどん》のポタポタ落ちる
燈心の油を受けた皿です。
来る日も来る日も描いたから、
絵に勢いがあるでしょう。
筆さばきといい、
省略を重ねた絵の闊達《かったつ》さといい、
民芸を象徴する代表的なものです

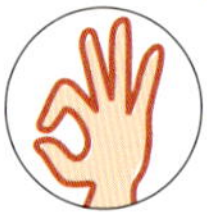

▲瀬戸菊絵行燈皿

35000円【砧】
江戸後期　瀬戸
径18.5
風に揺れているような菊の花とトンボか蝶か。またひと味異なる愛らしさである。

瀬戸松文鉄絵行燈皿▲

100000円【天宝堂】
江戸後期　瀬戸
径23.2
瀬戸でたくさん描かれた松。行燈皿は瀬戸本業窯が独占的に作っていたもの。これも見事な松の絵。

瀬戸葦図行燈皿▶

35000円【天宝堂】
江戸後期　瀬戸
径18.5
志野風の釉が厚手に掛かり貫入も入って深みを伝えている。松絵とは違う穏やかな雰囲気がある。

エナメルで描いた絵を焼き付けているんです。西洋ならではの薫《かお》りがする佳品だ

▲エナメル彩ガラスコップ

160000円【uchiumi】

1784年　ドイツ

口径8　高8.8

ドイツ語が書いてあるのでドイツの品だろう。結婚式などお祝いの時に使ったコップで、1784年と年号が入っている貴重なコップ。

▲エナメル彩色瓶

120000円【uchiumi】

18世紀　ドイツ

口径2.5　高12

ミルクガラスに描かれた絵で、人間やキツネなどになると値が高い。グラスを持った男の顔が闊達に描かれている。

古阿蘭陀皿▲▶
150000円（5枚組）
【uchiumi】
18世紀
オランダ・デルフト
径10.8

デルフトティカップ
150000円（5脚組）
18世紀
オランダ・デルフト
口径6.5　高3.5

古阿蘭陀皿は、日本に伝世していたもの。ティカップはヨーロッパの仕入れで、同じ窯で作られていたもので世紀を超えて出合った。骨董の面白さを語る。

土味がやわらかく、片口の口もちょっとつまんである

花徑の利谷有里さんと、生けた花を見ながら器談義。

鉄の線だけを専門に描く人がいたかもしれない。乱れがない熟練者による麦藁手の線だ

瀬戸麦藁手片口▲
100000円【花徑】
江戸後期　瀬戸
口径13　高7
まず赤の線を描き入れてから、鉄の線を入れるのだろうか、よどみのない線。赤津窯で作られていたもので抹茶茶碗にも使える。

底は、内側をくり抜いた碁笥底（ごけぞこ）で、高台はついていない。

上がりがよく、これ1枚持っていればいい。最初から思い切って、こういうものを買うことが目が肥えるコツ

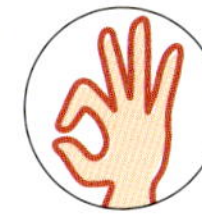

古染付赤絵兎文皿▲
150000円【花徑】
明時代末（17世紀）中国
径16.5
艶やかな白い肌に、染付も赤も鮮やか。兎の表情も豊かな古染付で、縁には虫食い、高台の畳付きには砂が付着する。

砂高台(P97参照)が見られる

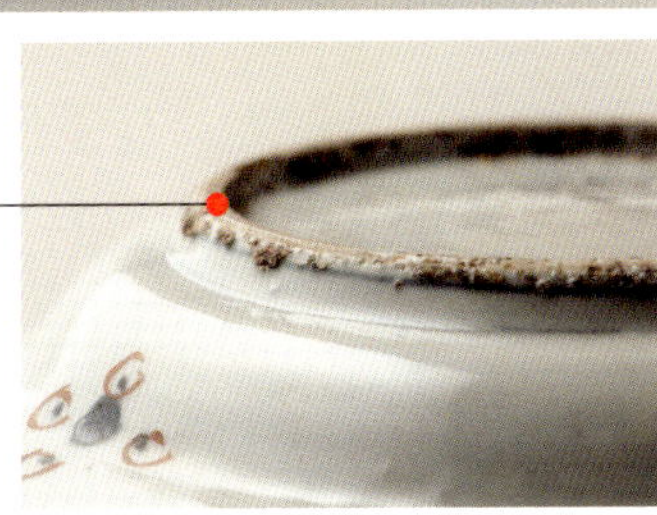

尾久さんが惚れた番外品

◀螺鈿藤文四段重
キラキラと光を放つ躍動的な藤の螺鈿は、あたかも藤の房が揺れているような魅力を放つ。桃山時代のみごとな仕事だ。【花徑】

▼李朝民画
民画は、宮廷画家の絵とは違う味わいがある。まくり(表装していない本紙のこと。めくりともいう)だったものを、少し古いルーマニアの裂を中回しに使って表具を施した。青い顔料が印象的な山水図は鄙びた風情がある。【草友舎】

骨董の見どころと楽しみ方 基本のキ

美しいモノに出合い、美しいモノを選び、
日々の生活に美を追求したい。
先ずは古きモノの特徴や見分け方を知り、
味わい方や愉しみ方を知っておくこと。

構成・指導　ギャラリー桑納

隅田川焼都鳥小皿

骨董って、なんだろう

「骨董《こっとう》」という言葉は、いつ生まれてどんな意味があるのだろう。

明治の文豪、幸田露伴の『骨董』には、支那の田舎言葉で大した意味はなく、古代中国の銅器の音から転じた当て字と書かれ、総じて古物の類をさすとある。明治二四年に完成した日本初の国語辞典、『言海』にも「骨董」はのっている。〈雑多ノ器具、古道具ドモ〉とある。言葉としては、明治にはすでに広く使われていたことが想像できる。

西欧で骨董にあたる言葉はアンティークで、アンティークは１００年を経たものをさす。実はこれ、１９３４年のアメリカの通商関税法だが、この頃から大量生産の時代へ移行したことを思えば、１００年という線引きには一理あるだろう。近年では、アンティークより新しいものは、コレクタブル、ジャンク、ヴィンテージ、ブロカントなどと呼ばれている。

明快に割り切る西洋にくらべると、日本の「骨董」は曖昧模糊《あいまいもこ》としている。〈一点の曇りもない完璧なモノに美術的価値をおく鑑賞派は別として〉

骨董好きにとっては、〈雑多ノ器具、古道具ドモ〉ならなんでもいいというわけではなく、まずモノを手に取って触って感触をみる場合も多い。眼だけではなく手ざわりの感覚を確かめることで、古さだけでなく美のありようを見極めようとするのではないか。モノは、〝時〟という計り知れない何かによって新たな風合いを帯び、美しさを際立たせる。それは、モノがもつ本質が昇華され、抽出されたエッセンスとはいえないだろうか。無銘のモノが長いこと生きた時間によって生まれ変わり、未知の輝きを放つ。それらを侘びや寂びという美学まで押し上げたのは千利休だし、柳宗悦が示唆した用の美の見方からも気付かされることだ。「古くて美しいと感じられるモノ」に対する物指しは、私たち日本人に流れている独特の感性だ。

自由な眼で感じとり、好きだと思う心の動きと憧れ、傍らに置いて使ってみたい、と願う古くて美しいモノたち。その出合いの場が古美術店、骨董屋、古道具屋で、店の個性は一軒一軒違う。一人の主人の眼や感覚によって、選び抜かれたモノだけが提供される場なのだ。千紫万紅の桃源郷であり、時には魔境にも変じる空間。骨董の醍醐味は、この予期しないモノとの出合いにあるといえる。

大らかな肌合い、歪みやシミなどまで、そのモノに刻まれてきた時間や記憶や物語や床しさ。古くて美しいモノは、それらを見出した人が手に入れて受け継ぎ、いずれ次代へバトンタッチされていく。あるいは、朽ちていくこともあるかもしれない。

暮らしや住まいの変化によって、骨董も進化してきた。新しい息吹を汲み取って楽しんでほしいと思う。

コームバックウインザーチェア　イギリス　18世紀　高106.5　座高37／（チェストの上右から）灯火器　日本　江戸時代　高29／砂張碗　韓国　高麗時代　口径17.5／古伊万里大壺　日本　江戸後期　高33／ステムグラス　イギリス　18世紀　高13.7／コッファー　イギリス　18世紀【桑納】

古色の味わい

——経年変化に美を見る

絵画や工芸は、完成したときがもっとも美しく輝いている。誰でもそう思うが、こと、骨董の世界では、日本人はちょっと違う感じ方をする。

李朝のやきものに「雨漏り」と呼ばれてきたものがある。白一色の粉引や堅手と呼ばれるやきものは、経年によって「シミ」が生じる。通常、シミは汚れと厭うだろうが、日本人にとっては「いい景色」だ。「やきものが育った」といって喜んだあげく、「雨漏り」などと風流な呼び名までつけて楽しむのである。

木工では、雨風に晒された「風化」あるいは磨き込まれた「光沢」、金物の「金味」、青銅の「緑青」、漆の「断文」、古代ガラスの「銀化」など、すべて長い時間、使われたことでしか生まれない存在感で、時間のみが育んだ美しさだ。

雨《あま》漏《も》り

このすごいシミは、長年の使用によって出てきたもの。李朝粉引や白磁壺などに生じる。茶人はシミを悦び、雨漏りと名付けて賞翫した。白磁染付福壽文壺　朝鮮時代　18世紀【利菴】

断文《だんもん》・根来《ねごろ》

中塗りに黒、上塗りに朱を塗った漆器を根来というが、長年用いられて朱漆が摩滅、下から黒漆が露出したものも根来とも呼ぶ。さらに時代を経た漆器の表面に現れた亀裂やヒビ割は断文と呼ぶやつれの美。根来折敷　室町時代【山法師】

風化《ふうか》

雨ざらしにあった古い寺社の木材の表面が荒くなり、時には彫刻刀で削ったかのような木目が現れたりしたもの。いわば劣化の状態を、味わいとして好む。胡粉塗りの残った古材は、垂撥（すいばち）として人気がある。

金味《かなあじ》

空気や水にふれた鉄が酸化して腐食した状態を錆びという。鉄の錆色は、黄色、茶色、茶褐色、黒色などがあり、錆びた姿を金味と呼ぶ。ブリキ行燈皿　明治時代【桑納】

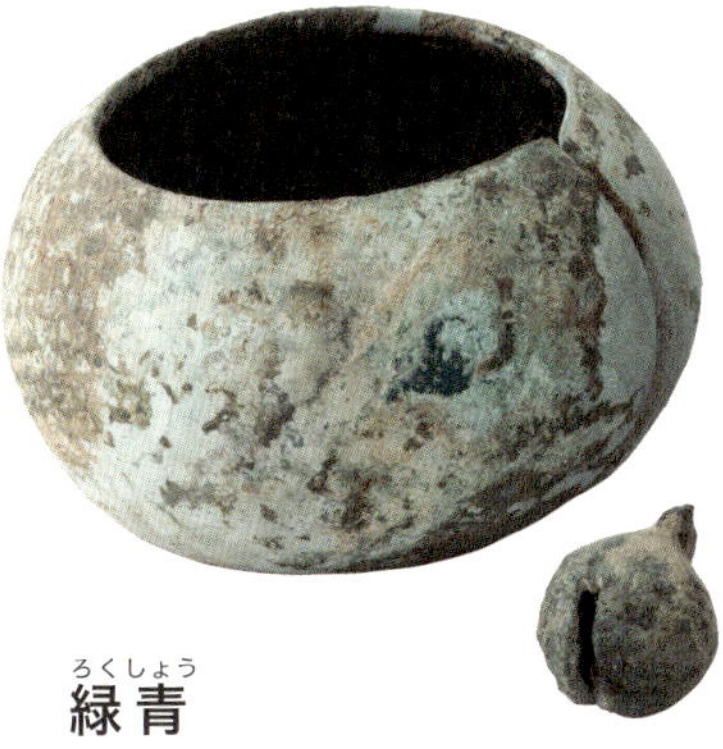

緑青《ろくしょう》

銅の経年変化は、美しい緑と青で緑青とも呼ばれる。赤褐色の銅が、長い時間を経て変化。神田ニコライ堂の屋根も、最初は赤褐色。ドンソン（紀元前の遺跡）ブレスレット　インドネシア　鈴は不明

和もの

やきもの

土器　土と炎による世界最古の器

縄文土器の誕生は１５０００年も前だ。狩猟時代を髣《ほう》髴《ふつ》とさせ逞しさをもつ縄文土器は、世界に類を見ないやきもの。農耕文化に応じ弥生土器に移行すると、藁や稲を被せて蒸すようにする野焼きの工夫により、薄作りで明るい色が多くなる。大地につながる命を感じさせる土器は、今もっとも面白いやきものといえる。

５世紀半ばには轆轤《ろくろ》成型による須恵器《すえき》が出現。朝鮮半島の製陶技術により、高温による還元焼成で青灰色の堅い炻器《せっき》が作られた。さらに中世古窯・無釉炻器の多彩な景色は、やきものの原点は土にありと伝える。

弥生土器

形は出土する地域により特徴がある。手づくねならではのまろやかさ、赤ん坊の頬のごとき肌と膨らみ。親しみやすさがある。弥生の流れに土師器があり、これは過渡期のものか。弥生壺　弥生時代　胴径18　高19【花徑】

縄文土器

東北の亀ヶ岡遺跡で出土した縄文晩期の壺。この時期の土器は２つに大別され、大型粗製土器に対し、これは小ぶりで薄手、表面は研磨されて端正なたたずまい。土器独特のコゲがある。縄文壺　縄文晩期　高14【長谷雄堂】

炻器

高温で堅く焼き締めた土味

須恵器

穴窯の高温焼成による堅い器。金属器をモデルにした鋭い造形が魅力的。長頸壺、横壺など貯蔵具、文房具、祭祀具など器形も多様。右／ハソウ　古墳時代　高12【山法師】　左／平瓶　奈良時代　胴径14【桑納】

パナリ

八重山諸島の新城島で17世紀頃から19世紀まで作られたとされる土器。赤土に珊瑚を燃やして混ぜて手びねりで形成、藁をのせ珊瑚の化石を重ねて野焼きした。パナリ焼壺　沖縄　18～19世紀　胴径30.6　高27【観宝堂】

信楽《しがらき》などの焼き締め

全面に噴き出した長石、ざんぐりした土肌に現れた火色、山キズ。窯中で炎にあおられ、たぎって生まれた土味の妙。備前、丹波、越前、常滑や珠洲など中世古窯の焼き締め（無釉炻器）は、それぞれの土味をもち魅力的だ。信楽大壺　室町時代　胴径37　高43【利菴】

陶器

多彩な釉薬を掛けた土もの

人工的に釉薬を掛けた陶器は、須恵器を生産していた愛知県の猿投《さなげ》窯で始まる。黒灰色や青灰色の須恵器に降りかかった薪の灰が溶けた自然釉にヒントを得たのであった。（骨董ファンに人気の猿投の山茶碗は無釉の浅い鉢で平安末期）

一方、瀬戸では中国の製陶法を取り入れ、本格的施釉《せゆう》陶器が開花。飴色や黒褐色、朽葉色や黄緑色の画期的な古瀬戸《こせと》で、四耳壺《しじこ》や瓶子などが焼かれた。茶の湯の流行に伴い、瀬戸や美濃（岐阜県南東部の東濃地方）では志野、織部、黄瀬戸、瀬戸黒など日本独自のやきものが出現。また16世紀末には朝鮮の陶工が唐津で開窯、多くの窯を興した。

釉薬で覆われた陶器は釉面に細かい貫入が生じ、使い込むことでまったく違う表情の味わいとなる。

美濃（志野）

16世紀中頃から独自のやきものを作り始めた美濃古陶は、洗練されて雅趣をたたえ、作為に満ちた独創的な意匠が多い。絵志野は絵付けをした最古のやきもの。白く艶やかな柚子《ゆず》調の肌や火色など桃山茶人の精神を象徴する茶陶。志野萩絵額皿　江戸初期　長径21.5【冨江洗心堂】

陶器窯の隆盛

秀吉の朝鮮出兵を機に渡来した陶工たちは、唐津をはじめ薩摩、上野、高取など九州諸窯や萩などに開窯。桃山時代、美濃では千利休の高弟、古田織部好みの斬新な織部様式を大量に生産。ひしゃげや歪みの左右非対称の造形や抽象文様など、作為の美意識の茶陶だった。

風土それぞれの土の個性と釉調が、使われて新たな古色の美を宿す

瀬戸

13世紀末の鎌倉後期に生まれたわが国初の施釉の陶器産地。麦藁手の闊達な線は、不純物の少ない瀬戸の土に躍動する。瀬戸麦藁手銅鑼鉢　江戸後期　口径18.5　高6【桑納】

唐津

窯跡は数百カ所に及ぶとも。土地によって土味が異なるため、釉の発色など作行きは変化に富む。鉄釉で文様を描き長石釉を掛けた絵唐津は、心の赴くまま筆を走らせた李朝風の大らかさ。侘びて野趣ある風情が特徴。絵唐津片口　桃山～江戸初期　口径21.5　高11【東中野】

高台も朝鮮の蹴り轆轤で削りだすため、箆（へら）取りがずれて一方の幅が広くなる三日月高台と兜巾（ときん）が見られる。梅花皮（かいらぎ）や縮緬皺（ちりめんじわ）が出ることもある。

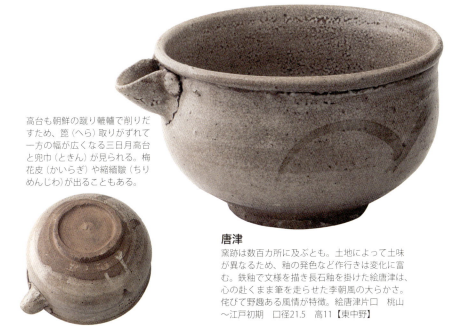

磁器

時代や窯による白さまざまの調べ

土ものに対して、陶石を主体にした磁器は石ものと呼ぶ。佐賀県有田の泉山で白磁鉱が発見され、日本最初の石ものが焼成されたのは、江戸初期の17世紀。

薄くて軽くて丈夫。土ものの温かさとは違う清潔感漂う白玉のような美しさ。染付が映える白い地肌の器はたちまち人気を博し、肥前一帯の唐津焼陶工は磁器へと転向した。鍋島藩は技術の流出を警戒したが、18世紀には九州各地で磁器の生産が始まり、京都でも開始。やがて瀬戸でも染付の焼成に成功。飛躍的に生産量を伸ばしせとものが器の代名詞になった。四国の砥部、滋賀の湖東、仙台の切込など日本各地に磁器が伝播していった。

磁器の白は、土そのものの色だ。青みを帯びた冷たい白、ほのぼのとした初期伊万里の白、まったりおおらかな白……。産地の土と時代、窯の技術により、同じ白でも、さまざまな顔をもつ。

古伊万里

伊万里港から日本全国に積み出されたので伊万里焼の名称に。膨大な数がヨーロッパにも輸出された。江戸時代の伊万里を古伊万里と呼び、開窯間もない草創期のものは初期伊万里。右から輪花鉢　高6【オコンネルズ】　輪花鉢　口径9.5　輪花小皿　径8.5　古伊万里胴紐白磁茶碗　高7.5

きりっと乳白の柿右衛門手、玲瓏《れいろう》な白玉の古伊万里白磁、瀬戸の温《ぬく》みの白、一つずつが違う白

柿右衛門手

柿右衛門では、濁し手（米のとぎ汁のこと）と呼ばれる乳白色の素地を開発。柔和で潤いのある白磁胎で、これに色絵の具で上絵付けした優美な色絵磁器が生まれた。柿右衛門手向付（左）口径14　高4・5【オコンネルズ】（右）口径13・5

瀬戸

瀬戸の粘土は良質で鉄分がほとんど含有されない。ややグレー味を含んだ白。徳利　高22　猪口　口径6　高6【桑納】

平佐

鹿児島県平佐では、19世紀に天草から求めた白磁石で焼成。やや重く青みがかって落ち着いた白。徳利　高17【桑納】

【見どころ①】

文様

永遠のモダンデザイン

単純素朴な初期伊万里の図柄は、入念な構図や手慣れた筆さばき、とりどりの唐草文様などへ、また柿右衛門様式の色絵、輸出用の金彩の古伊万里染錦など複雑精緻、絢爛《けんらん》たる多彩なものへと展開した。陶器でも京都の仁清《にんせい》や乾山《けんざん》などの色絵が作られ、美濃では伸びやかな絵付けが誕生した。花鳥風月をはじめ、幾何文様を描き込む祥瑞《しょんずい》手、景徳鎮《けいとくちん》で作られた芙蓉手、つる草を連続して描く唐草文など模様の多彩さは、類を見ない。

　けれど、すっきりと走る線、シンプルな連続模様や幾何学風は、時代を超えていつでもモダンで新しい。線の太さ、釉の濃淡などそこはかとない味わいを宿して、心地よいリズムを伝えてくる。

輪線文

瀬戸赤絵猪口
外にも内にも均一な間隔で描いた赤絵の輪線文。皿の場合には独楽（こま）文や蛇の目文と呼ぶ。明治時代　高4.7【天宝堂】

古伊万里猪口
口辺と高台際に、太い線と細い線の二重輪線。余白を生かししゃれた意匠。太い藍には筆の味も。江戸後期　高6.6【三樹】

（右から）達者な細線文は、植物の木賊（とくさ）からの名称。古伊万里　染付飯碗　江戸後期　高６。

太めの線を交互に配して麦の穂を連想させる麦藁手。瀬戸飯碗　江戸後期。

矢につけられた羽根を文様化した連続文様。通常縦に描くがこれは横矢羽根。江戸後期。

縞２本が一組の縦縞・金通（きんつう）に、明確な横縞を組み合わせた格子は洒脱だ。古伊万里。

木賊文

麦藁手

矢羽根文

格子文

水玉文

格子文

鋸歯文

菊弁文

（右から）丸の中に小紋の柄を描くことが多いが、簡潔な水玉文様が楚々と好ましい。古伊万里筆洗。
秦秀雄が『古伊万里図鑑』で取り上げた格子文汲出茶碗。黒ずんだ呉須の闊達な線。
ためらいもなく描かれた大きなジグザグ文様。山並にも見えて斬新。芯切り入れらしい。
名もなき陶工の考案なのか、菊の花びらを縦に見たあか抜けたデザイン。古伊万里。

【見どころ②】

形

可憐な器の小宇宙

丸や角を基本とする器の形だが、茶の湯の懐石料理では、最初に出される向付には、桃山から江戸にかけて変化に富む造形のものが作りだされた。国内だけでなく、茶人は好みの意匠を中国に発注。幾何文様、動物、鳥、蝶、魚介などさまざまなものが造形化され、古染付と呼ばれる。

　有田に始まった磁器の生産は、暮らしの需要に細やかに対応して日本中を席捲《せっけん》した。食膳に添える塩を少量盛る手塩皿《てしおざら》や、香物（漬物）を盛る小皿、豆皿などは食膳の必需品。轆《ろく》轤《ろ》を使わず、粘土板の型打ち成形で、形も意匠も多種多彩な変形皿を生んだ。小さい皿といえども、仕事の工程は一つとして省かれず、凝縮された世界がみごとだ。コンニャク印判、型紙摺りなども多くみられる。

水鳥

瑠璃釉が、程よくやわらかくきれいに出ており、なんといっても目の表情が愛らしい品の漂う変形皿。古伊万里瑠璃水鳥皿　江戸中期〜後期　長径17　高12【天宝堂】

姿さまざま、形とりどり、
職人たちの遊び心が息づく小さな世界

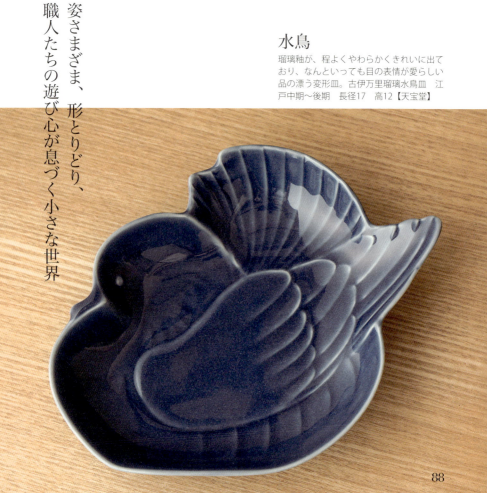

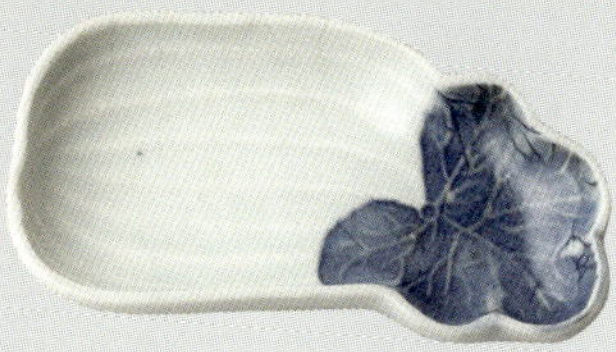

瓜

瓜の筋目を凸凹の型で表して、葉を濃で描き入れている。薄手の作りのしゃれた皿。古伊万里　長径8.5

輪花

輪花は、一輪を真上から見るように形づくる。５弁花は梅の花を写したもの。古伊万里　口径10.5

菊花

菊の花と葉を横から見て形づくり、花弁や葉脈は器面の凸凹で表す。葉は濃、蝶も描く。染付　長径10

菱

小さな器面に丁寧な花唐草。見込みに５弁花文、皿縁に口紅の上手。古伊万里隅入菱形皿　長径9.5

ふくら雀

福良に通じ縁起がよいとされた雀の子。凸凹をつけたおろし皿。瀬戸焼　長径9.5【大隅コレクション】

富士

元禄期（1688~1704）に行われた型紙摺り印判による模様は、着物の小紋のよう。山型の小皿　長径7.5

鶴

長寿瑞祥の鶴が羽を広げて空を舞う姿を上から見た意匠。染付陽刻飛鶴変形皿　長径10【桑納】

梅花

中心から外へ筋目が走り、思わず手のひらにのせたくなるような愛らしさ。古伊万里豆皿　径7.5

【見どころ③】

上手の美・下手の味

藍九谷とくらわんか

上手《じょうて》とは上等な作りのことだが、古伊万里の上手ものといえば、藍九谷と柿右衛門だ。憧れの景徳鎮に近付かんと、初期伊万里に続いて焼かれた品格ある藍九谷《あいくたに》は、百万石加賀藩の九谷を冠して呼ばれている。磁肌、藍の釉調美しく、筆致も巧みなよそゆきの器だ。

下手《げて》物とは、柳宗悦が力強く素朴な実用の美をたたえて使った言葉で、古伊万里の下手は、頼りがいのあるくらわんかだ。文化・文政の頃、「飯くらわんか、酒くらわんか」と淀川の飲食物を商う店で使い捨てだったと伝わる。見込みには大量に積み重ねて焼くドーナツ状の釉剥げ。ずしっと伝わる分厚さ。鉄色や鼠に近い呉須の発色。釉はやわらかく、簡素な作りを愛するファンが多い。

中国風の裏銘がある

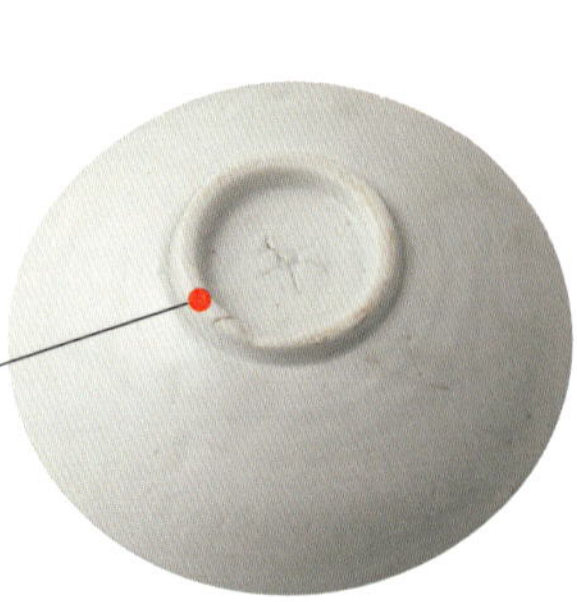

高台が小さい

藍九谷

藍九谷染付沢瀉《おもだか》文皿

材料を吟味した上等な染付。丹念に精緻に描かれた藍絵は、清冽で力強く雅味が漂う。口縁には精緻な捩り模様があるものが多い。藍九谷は、染付の柿右衛門が生まれる1670年頃まで焼かれ、わずか40年で終わった。江戸前期　径21.5

くらわんか

重ね焼きによる釉剥げ

くらわんか網目文皿

高台小さくずしりと重い。網目模様は、漁師の使う漁網の文様で初期伊万里の頃から使われた。二重網手は、18世紀に入って、竹の先を割り二本線を描いた手仕事の量産を目指したもの。無造作な軽快さがもち味。くらわんかの草花文は江戸中期から後期の作。長崎県波佐見で焼かれた。江戸中期　径12.5　2点【桑納】

木と塗りもの

日本ならではの暮らしの道具

縄文時代前期の漆器が各地で発掘され、日本では9000年ほど前から、漆が使われていたといわれている。

漆は、漆の木を掻いて滴《したた》り落ちた樹液を採取したもので、木で作ったボディにこの樹液を塗った道具を塗りものという。まさに日本の気候風土に適した素材から生みだされた道具といえる。天然木を加工した上に漆塗りが施されることで非常に長い時間、使用に耐える。寺院で漆器が多用されてきたのは、扱いやすく丈夫で耐久性があるからだ。

高度な技術や多彩な意匠が発達した日本の漆器は、ヨーロッパではジャパンと呼ばれる。艶があって肌理《きめ》細かい肌ざわりの塗りものは、時間を吸い込みながら、深い光沢と存在感を吹き込んでいく。

菊花文朽木盆《くちきぼん》

琵琶湖の西岸、滋賀県朽木村の盆。一枚の盆を菊一輪に見立てたセンスを『盆百選』（瀬良陽介著）では賞賛。てらいもなく飽きない素朴さ。菊花は、弁柄漆の漆絵。似たものが各地で作られた。江戸後期　径28

手力盆（春日盆）

春日大社の境外末社、手力雄（たぢからお）神社の盆で社殿の建替えを機に神饌具を新調。古い盆は払い下げられる。蝶や蜻蛉の螺鈿は裏側に施されることも多い。桟足がつく。江戸中期　28.5×36.5

黒朱片身替り椀

半身ずつ色違いに仕立てた桃山時代の着物などに使われた意匠で、朱塗りと黒塗りがきっぱりと塗り分けられて斬新。明治時代　高12　口径12.8【桑納】

漆絵木皿

木の皿に漆を塗り、そこへ漆で絵を施している。人々の生活を潤し、支えてきた素朴な調度の品々。漆産地として隆盛を誇っていた浄法寺や合鹿（ごうろく）のものと思われるが、漆は産地の特定が困難。江戸中期〜末期　径13~15　写真：大屋孝雄

我谷盆《わがた》

山中温泉近くの我谷村の盆。栗の生木を丸鑿（のみ）1本で削る。見込みに彫られた線は、あたかも段々畑の畝のよう。同じものは二つとない。村は昭和40年ダムに沈んだ。明治時代　長径27　高2.5
写真：大屋孝雄

矢部盆

裏をかえすと、迷わず刃物を入れてはつった豪快さ、四本の脚が削り出されている。熊本県上益城郡、通潤橋のある矢部郷で作られたくり抜き盆。見込みの弁柄漆は、下地を施さず木地が透ける。明治時代　長径30.5

藤原盆

群馬県利根郡水上村の藤原郷は木地師が住んだ里。橡（とち）を用いて、ノミ跡を残す線彫り模様が見どころ。木地だけでなく黒漆や朱塗りもあり、丸盆、扇型、四方盆、八角盆など多彩。これは透漆塗り。明治時代　径33.5【桑納】

木地盆いろいろ

木材から削り出したままか、薄く生漆を拭いた木地盆は、各地で作られた。さすが木の国、木の種類は多種多様。さざ波のように杢目が浮き出たり、囲炉裏で燻されて黒くなったり枯れ切ったり。シンプルな木地盆に、庶民の暮らしが見え隠れする。杉と欅の小盆は個人蔵。それ以外は【桑納】

中国のうつわ

景徳鎮の官窯と民窯

完璧な技術と日本人が愛した美

色彩、形、文様と次々、新技法を開発し、世界の陶磁史の中でつねに多岐にわたる美を開拓した中国。欧米では、やきものをチャイナと呼ぶほど高い水準と深い歴史をもつ。その幅広さを網羅することはできないが、最高峰は宋時代。大窯業地、江西省景徳鎮《けいとくちん》では、光が透き通るほど薄く軽く麗しい磁器や涼やかな青白磁が作られた。官窯では、五本爪の龍文や年号銘を記すなど厳格な磁器焼造が命じられた。官窯の技術は、明代中期以降、民窯をも成長させて、華やかな色絵磁器が作られ、古赤絵、古染付、祥瑞などが海を渡ってわが国にも伝えられた。

萬暦《ばんれき》五彩鳳凰文碟《せつ》（官窯）
五彩は、白磁に赤や緑、黄色などの上絵具で文様を描く色絵。高温焼成した磁器に絵を描いてからもう一度低温で焼く。景徳鎮珠山の官窯御器廠では徹底的な管理のもと品格ある器を追求した。碟とは小皿のことで、小さな見込みの数々の色彩を黒の輪郭線が引き締める。底裏には萬暦の在銘。明時代　径9.9

古染付向付

明時代末期の天啓頃、日本から注文した器は、中国にはない型物。動物、魚介、富士などを模し厚手できどらない雅味を好んだ。長径17

南京《なんきん》赤絵皿

明時代末期から清初にかけて景徳鎮南方の民窯で焼かれた五彩磁器で染付を用いない。南京とは中国を意味する。径20　上段３点【桑納】

呉須《ごす》赤絵皿

明時代末期頃から、景徳鎮より南の福建諸窯では、「呉州手」と呼ぶ磁器窯で、輸出陶磁を中心にした五彩を生産した。径22

赤を主体にした味わい深い五彩、日本でもなじみの深い色絵

古染付の砂高台

高台下に砂粒の痕が残っているもの。熔着を防ぐために、磁器焼成時に匣鉢（さや）に砂をまいたためで、明代末期天啓頃に多くみられる。

萬暦赤絵花文六角皿（民窯）

五彩磁の量産は16世紀半ばからで、民窯では赤を多用して仕上げ、黄色や緑を彩にして効率のよい装飾性を求めた。赤い印象の強い五彩を、日本では「古赤絵」と呼んだ。17世紀初めの萬歴までが明五彩の全盛期。爛熟的な密度の高い色絵が多く作られた。径14

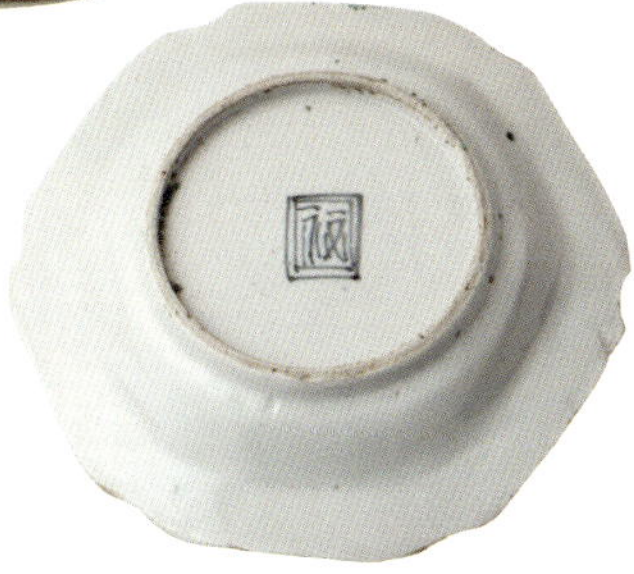

韓国のうつわ

朝鮮半島のやきものは、三つの時期に分かれる。新羅《しらぎ》では、優れた轆轤技術による端正な造形の無釉の高火度炻器。高麗《こうらい》は優雅な仏教文化の下で、青磁が特徴的。12世紀後半には黒土や白土を象嵌《ぞうがん》する独自の手法で、優美な青磁を生んだ。

朝鮮王朝（李朝）の建国は14世紀末。質実剛健を教えとする儒教が国教となり、やきものも大きく変質。象嵌青磁の流れを汲む陶器・粉青沙器《ふんせいさき》と白磁が盛んに作られた。一時途絶えた官窯は金沙里《きんさり》に復活。後に分院里に移行し、活発に磁器を生産した。造形も絵付けも飄々として大らかな李朝陶磁は、巧まざる親しみ易さが特質である。

高麗と李朝

優美な高麗青磁、親しみ深い李朝

高麗青磁象嵌花文筒碗

白い象嵌文様を一面にあしらい、葉を黒の象嵌で配した筒碗。青い釉の調子も素晴らしく優雅な品格がにじみ出て、工芸が盛んだった高麗の独創の技を伝える。

高麗時代　12世紀　高9.8

下段４点【利菴】

粉青沙器

高麗時代の象嵌青磁の技術を引き継いで朝鮮時代初期に作られた陶器を三島と呼ぶが、韓国では、これらを粉青沙器という。灰黒色の素地に白泥を化粧掛けした粉引や無地刷毛目、白土を象嵌した三島や鉄絵を描いた鶏龍山など土肌の寡黙なやきものは、酒の器として愛好者が多い。

白磁碗

大ぶりな姿は、日本の鉄兜を逆さにしたようだと「鉄兜」の異名をもつ。きめ細かい磁肌、しっとりした潤いは、15～16世紀の初期李朝白磁。口径17.9　高10.9　写真：大屋孝雄

鶏龍山《けいりゅうさん》羽《は》衣《ごろも》手《で》徳利

全体に白泥を塗り、筆のなすまま描いた鉄絵の器は絵刷毛目。忠清南道の窯の場所から鶏龍山と呼ばれる。奔放自在、のびやかな雰囲気である。朝鮮時代15 ～16世紀　高13

三島徳利

生乾きの肌に細かい文様を押して白土を埋め込んだ三島は、使うほどにとろりと艶めく。愛玩するほどにほろ酔い気分の赤みがさしてくる。朝鮮時代　15～16世紀　高11.5

白磁堅手徳利

土が緻密で、見るからに堅い感じがする肌を、茶人がこう呼んだ。半磁器質で、陶器より磁器に近く、赤っぽい白から青みを帯びた白まである。朝鮮時代17世紀　高12.5

洋もの

18世紀まで白い磁器を生産できなかったヨーロッパでは、錫を含む釉薬を使用、白い器の軟質陶器を作る技法が発達した。粗くやわらかい土肌に粉っぽい釉薬がやさしげな表情を作る白い陶器は、イタリアの一大産地、ファエンツァに由来してファイアンスと呼ばれた。16世紀にはフランスやドイツにイタリア陶工たちが移住して開窯。オランダではアントワープに伝えられ、デルフト窯で盛行し、オランダのものはデルフトと総称される。アルプス以北では、ファイアンスと呼ばれることが多い。またイギリスの錫釉陶器はイングリッシュデルフトと呼ばれる。

西欧の錫釉陶器

とろけるような乳白色の粋美

（右から）オランダからイギリスに伝えられた初期の陶器、イングリッシュデルフト。18世紀　口径12.3　高15／オランダの錫釉陶器は、アントワープで開花、ロッテルダム、デルフトなど各地に窯ができた。メディカルポット17世紀　高10／金属の蓋がついたジャグはオランダのデルフト。17世紀　高23.5／手付きの飲み物入れには、紫と青の絵付けが愛らしさを添える。フランス　18世紀　高10／大きな壺は、たばこ壺。刻みたばこは、便秘の薬として、壺に入れて販売していたという。オランダ　18世紀　高16　胴径12.5／デルフトの軟膏入れ（アルバレロ）。17世紀　口径6.5／双耳壺は青花の模様がしゃれている。胴径9　高15【uchiumi】

オランダデルフト

フランスファイアンス

オランダデルフト

フランスファイアンス

アメリカ　レッドウェア（左）

アメリカ東部のペンシルバニアに移り住んだ陶工が、18～19世紀に制作。英国の多彩な文様とは違い、簡単な波状文、小振りの皿が多いが、軽快なリズムが躍動。裏に残る焦げ目が愛おしい。19世紀　径26.5　【うまこし】

スリップウェア（イギリス・アメリカ）

イギリスからアメリカへ。移民によって引き継がれた器

泥漿《でいしょう》と化粧土を用いて筆やスポイトで文様を描いた陶器のことで、水と粘土を溶いたものをスリップまたはエンゴーベという。始まりは古代メソポタミア文明まで遡るといわれるが、日本でよく知られるのは、18世紀中頃から19世紀末の英国陶器。石炭オーブンの中でパイを焼くのに用いられた雑器で、本国で顧みられることのなかったその美を紹介したのは、柳宗悦や民藝運動に関わった陶芸家たちだ。縞文様や抽象文様など、作為を超えた健康的な美しさを賞賛した。18世紀にアメリカへ渡った移民たちも同じようなパイ皿を焼き、赤い釉にちなみ、レッドウェアとも呼ばれる。

イギリス　スリップウェア

文様を描いた後、ガレナ釉（鉛釉）を掛けて焼成。勢いのある線文と大きさが、オーブンでパイを焼く過酷な労働に耐えてきた時間を語る。18世紀（下）42×37、（右）径38　2点【桑納】

ストーンウェア（アメリカ・ドイツ）

中世に発生した塩釉を施した炻器

高温で石のように堅く焼き締めた陶器で、日本では炻器と呼ばれるやきものだ。焼成中、窯の中に塩を投げ込む塩釉の技法が、ドイツのライン川流域で開発されたのは14世紀。投入した塩は、窯の中で化学反応によりガラス質の釉に変質。艶のある光沢を生みだす。耐水性を増し強度が上がるため、ビールマグやジョッキなど庶民の日用雑器が作られた。ライン川畔には、多くの炻器窯ができ、その水運を利用して輸出され、イギリス、アメリカなどでも作られるようになった。素朴な味わいが好まれる。

ドイツ　ライン炻器
ライン川東岸のジークブルグ製。精製された陶土により灰白色に焼き上がるのが特徴。轆轤目鮮やかで、火襷（ひだすき）などの変化が日本のやきものを思わせる。指の成形の跡が残る。15世紀　高23.5【桑納】

アメリカ　ストーンウェア
アメリカでよく焼かれたのは、この手の壺で、やはり一番安い塩釉を使用。バターやクリームを作るのに使われた容器で、表は鳥の絵、後ろの数字は１ガロンを示す。19世紀　口径19　高17

キュ ノワール（フランス）

皿裏は黒い釉、その名も黒い尻尾

国王が隣国のイタリアから多くの職人を招聘、錫釉陶器は早くからフランス各地で焼かれた。窯の数は膨大で、ムスティエ、マルセイユ、カンペール、ブルゴーニュ地方のヌヴェール、北フランスのルーアンなどが有名。キュ ノワールとは、テラコッタに白と黒の2色の釉を掛け、裏側が濃い茶色をした器。

ヌベール窯
ファイアンス
デルフトに近い雰囲気でフランス的なしゃれた絵付けだが、縁は日本の瓔珞文そっくり。中国や日本の磁器への憧れを感じさせる。18世紀　径22　【UNTIDY】

花模様のキュ ノワール
まるで模様のように一面に貫入が入る。口辺も釉が剝げ、茶色いテラコッタが露出。皿裏の釉は茶色で指跡も。143ページの皿と同一。18世紀　径20

白いキュ ノワール
すぐ上の花模様の皿より質感は硬いが、細かな貫入が美しく入る。皿裏は、焦げ茶色。名前のように、qul（尻）noir（黒）だ。19世紀　径15.5　高3

古渡り銅印判（オランダ）

阿蘭陀焼と呼ばれた南蛮の型染め

19世紀末、オランダ商人が長崎の出島にもたらした銅版転写の技術を用いて絵付けを施した軟質陶器。ヨーロッパの風景画や風俗を描いた銅版をローラーで薄紙に刷り、さらにこの紙を器の表面に貼りつけ転写したもので、プリントウェアとも呼ばれる。もっぱら輸出用に作られたので、ヨーロッパに残る図柄は少ない。器の形状によっては日本の注文品もあるといわれる。

阿蘭陀写しの京阿蘭陀

幕末から明治時代にかけて、京焼では憧れから見様見真似で阿蘭陀焼を再現しようとした。驚くことに、転写ではなくすべて肉筆の手描きで、ヨーロッパの模様を和風化。杯洗や杯台などもある。右の急須と茶碗の箱には「天保茶出シ」と年号を箱書。骨董アイテムとして稀少。

古渡り阿蘭陀《おらんだ》焼

左から城を眺めながらピクニック、ぶらんこと釣り、テイーパーティの絵柄を転写。異国情緒たっぷりで、江戸の人たちの羨望が想像できる。19世紀　左２点は徳利　高16　カップ　口径８　皿　径12.5

日本からの注文品

南蛮の品に魅せられた茶人たち

古染付は、中国明時代末の天啓年間から崇禎《すうてい》期にかけて景徳鎮の民窯で焼かれた染付磁器の一群で、南方の民窯で焼かれた呉須手とは区別される。中国の器型はほとんど円形だが、木瓜、扇、魚、桃、海老、蝶などを模した向付などがあり、織部に似た器もあるため、日本から木型を送って注文したものと考えられ、日本にのみ伝世品が伝わる。日本の春海商店はクリスタルの名門、フランスのバカラ社に懐石具を特別注文。日本の美意識が投影されたデザインが生まれた。

古染付の虫食い

作りは、それ以前の景徳鎮には見られない粗雑さで、土も上質ではないため、焼成時には釉薬と素地の収縮率の違いから、口縁部に釉剝ぎが生じてしまう。しかし、茶人たちは、これを虫に食われた跡と見立てて賞翫。形も絵付けも自由奔放でのびのびしており、茶人好みのやきものだった。

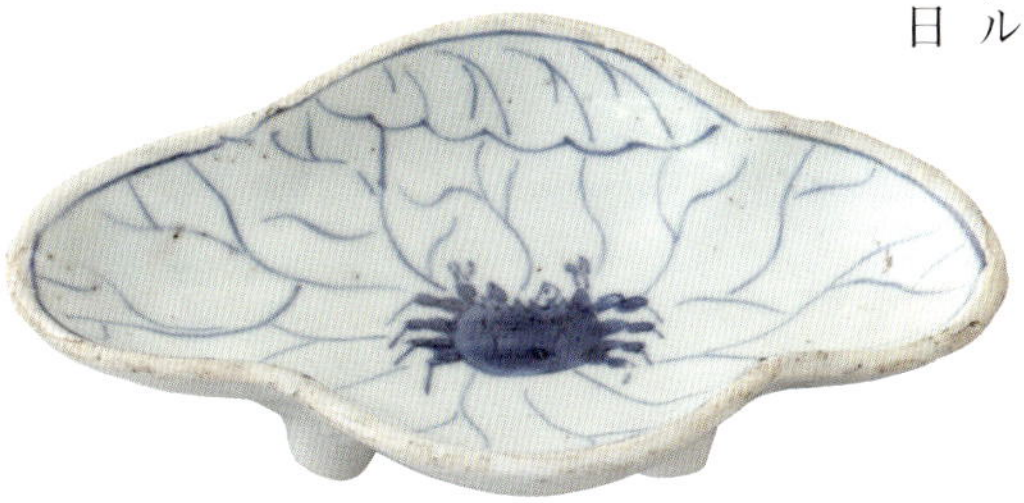

古染付蟹文向付

木瓜型の小鉢の中心に蟹を描く。網手風の絵が描かれるが、網にはなっていない。多産の蟹は子孫繁栄の意匠。三つ脚がつく。長径17【桑納】

春海バカラガラス懐石具

明治36（1903）年、春海商店３代目、春海藤次郎がバカラ社に注文。伝統と格式を重んじる茶の世界では大胆な試みだったが、優れた審美眼が華麗な懐石具を誕生させた。右金縁千筋文グラス　高９　左向付　口径12【桑納】

似たもの同士

白く艶やかな美しさをもち実用的で堅牢な磁器。他国に先がけて、大量生産された中国の染付は、中近東へイタリアへと運ばれ、17世紀前半には夥《おびただ》しい量がヨーロッパ各地へ輸出された。中国磁器に触発され、似た模様がヨーロッパでも日本でも生まれた。

芙蓉手

中国・日本・オランダの親戚筋模様

見込みを円にとり、口縁を八方の区画に分けた窓絵とし、中に蓑笠や花文様や八宝文などを描いた濃密な染付は、中国で萬暦の頃に生まれた。日本では、芙蓉の花に見立て芙蓉手と称した。芙蓉手は、オランダ東インド会社がヨーロッパへ運んだところ大人気。しかし清朝初頭、内乱のため景徳鎮の生産・輸出がストップし、オランダは芙蓉手の代用品を伊万里に発注した。有田では、中国の本歌に見られない図柄の芙蓉手も作りだし、デルフトでも、東洋の意匠を真似て白地に青で描いた芙蓉手の錫釉陶器が作られた。

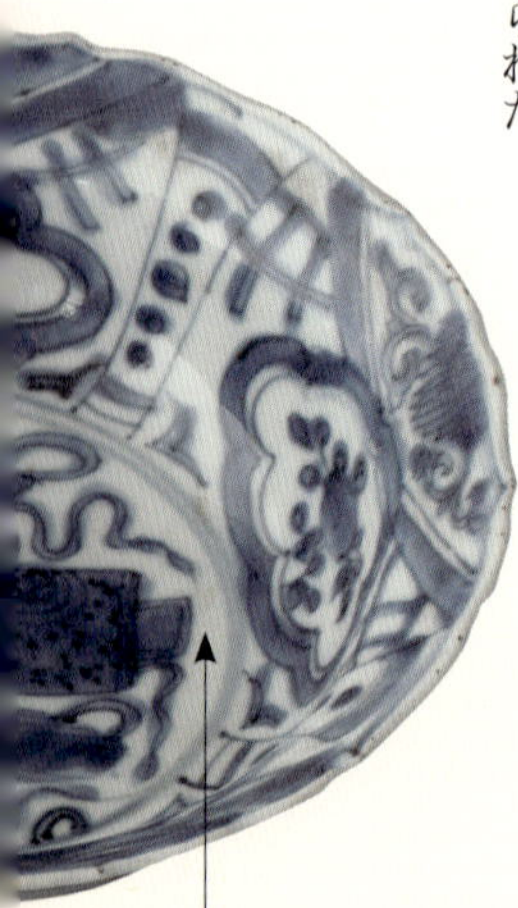

中国・明末の芙蓉手

明時代16〜17世紀に作られた景徳鎮の大盤芙蓉手は、イスラム圏やヨーロッパ諸国へ輸出された。当時の景徳鎮の一級品だが、この様式を踏襲した芙蓉手小鉢は中国国内向けの景徳鎮民窯品で、天啓古染付と称されるもの。自由闊達な絵付けと硬質な地肌が特徴。底裏は砂高台。口径14.8　高4.5

芙蓉手各鉢裏

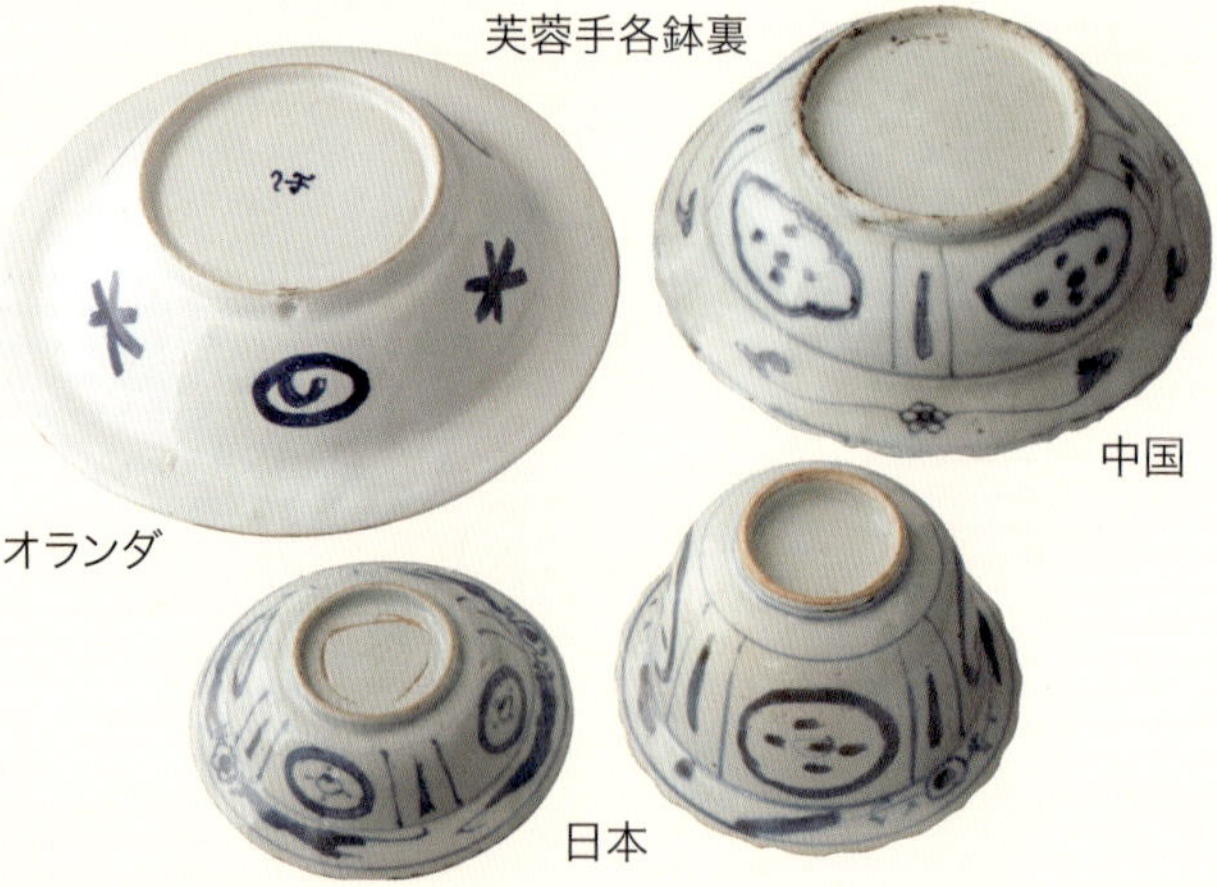

オランダ　中国　日本

オランダ・デルフトの芙蓉手

デルフトもまた中国の染付磁器から多大な影響を受けた。フェルメールの「手紙を読む女」の絵に描かれる芙蓉手の大皿は、質感の表現から中国の染付磁器といわれている。この鉢の見込みは、羽、花などが描かれ、鉢裏もユニーク。芙蓉手が、国際的な意匠であったことを物語る。口径16.8　高4

日本・古伊万里の芙蓉手

見込み文様にはお国柄が現れ、中国では宝を象徴する器物や蓮池水禽など、日本では花鳥文などが描かれた。中国の硬い土に対して、伊万里のカオリンにはやわらかさがあるのも特徴。伊万里芙蓉手のヨーロッパ輸出は、17世紀後半にはほぼ終焉したが、芙蓉手は日本の文様として定着。向付などに使われる。(右)口径10　高5.8
(左)口径9.5　高2.5　4点【桑納】

兎文様

中国と日本の文様のお国柄

古伊万里などの陶磁器に描かれた動物文様の中でもっとも人気の高いのが兎の意匠だ。古代中国では兎が月に住むという思想から月兎文は不老不死の象徴。中国明末の古染付には、月兎文がよく見られる。白抜きで玉兎《ぎょくと》と書いた短冊をあしらい、吹墨《ふきずみ》技法で兎を表した絵で、玉兎とは月の異名だ。景徳鎮民窯が焼成した古染付は、大量に日本に輸出され、中国趣味をベースとした初期伊万里の初めの頃には、吹墨を用いるなどして兎文を描いた。

しかし中国の兎と日本の兎は、ちょっと姿が違う。古染付では、うずくまったり伏せたりした丸い姿が多いが、伊万里焼では、跳ねまわる兎の肢体がのびやかに描かれる。謡曲の「月海上に浮かむでは兎も波を走る」（「竹生島」）、あるいは因幡《いなば》の素兎《しろうさぎ》が連想されるが、

中国　古染付吹墨兎文小皿

吹墨とは、霧吹きで墨を吹きかけたような文様のこと。文様を型で白抜き、顔料の呉須を吹き付けている。月も玉兎の短冊もないが兎は獣的でユニークだ。径15【花徑】

湖面に映った月の兎が波間を走る波兎の文様は情緒的だ。兎の肢体も違う。日本の兎は、総じて長い耳をしているようだ。

　さらに古伊万里では丈高い草むらの穂の陰で月を見る二兎など、和様化され愛くるしい兎たちへと変じていく。

初期伊万里

日本での磁器の誕生は、元和２（1616）年に朝鮮の陶工、李参平が有田でカオリンの鉱山を発見してから。元和・寛永（1615～1644）の草創期のものを初期伊万里と呼ぶ。素焼きせずに釉を掛けた生掛けが特徴。肉厚なボディに、釉薬がぽってりしたり、青白く溜まるなど。また呉須の発色もさまざまで、絵も稚拙だが勢いがあり初々しい。高台は小さく厚い。

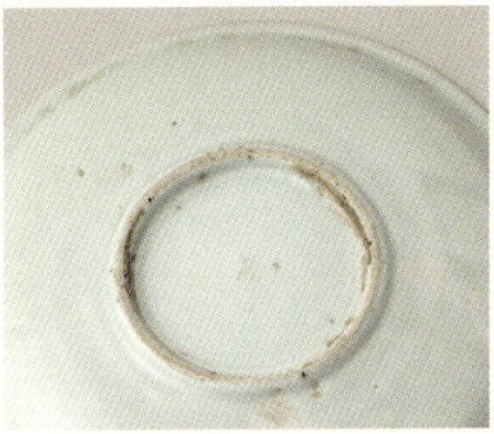

初期伊万里双兎文皿高台

たっぷり掛けて厚ぼったさを感じる釉薬。よく見ると指跡も残っている。高台の畳付にはわずかだが砂も。高台径7.6

日本　初期伊万里双兎文皿

なんという耳の長さだろう。素朴な兎は、初期伊万里の陶工ならではの絵付けで微笑ましい。空に浮かぶ雲は、万年茸に似た霊芝雲。中国明の染付に多用された模様だし、雲からは竹がぶら下がっている。無造作に中国磁器を模倣したことが見てとれる。径17.8【安原】

蒐める&使う

テーマを絞って骨董を愉しむ

人のものを眺めるばかりでは、骨董が分かるようにはならないという。先ずは身銭を切って買ってみる。蒐めることから骨董の愉しさが始まる。一つに絞って付き合ってみると、骨董はいろんなことを教えてくれる。

酒器

骨董を使って愉しむ喜びを教えてくれるのは、なんといっても酒の器だろう。徳利、銚子、片口、ぐい呑み、あるいは盃など。お酒の成分は、どうもやきものの肌を育てるのに最適らしく、器は使うほどにしっとりと艶を帯びてくる。素地が硬い磁器にはあまり変化はのぞめないが、陶器や貫入のあるものは育ってくれる。土器は汚れがつく場合がある。信楽や備前などの無釉の炻器、また志野や唐津が酒の器としておすすめだ。

無地唐津ぐい呑み

古唐津の大多数は無地唐津で釉色はさまざま。端反（はぞ）りの口造りで長石釉が見込み（下）にも流れ落ちる。桃山時代　口径7　高6【東中野】

椿手六角猪口

椿手とは黒褐色に発色する鉄釉を掛けた六角猪口。黒と茶の寂びた味わいで盃のみが伝世されている。安土桃山時代　口径6　高5.2【利菴】

古伊万里墨鉄手猪口

磁器なので、陶器のような変化はのぞめないが、珍しい墨鉄色の猪口は酒によく似合う。江戸時代　18世紀　口径5　高5.5【利菴】

瀬戸麦藁手徳利

江戸から明治時代にかけて作られた徳利は、白い陶肌に走る線が都会的な味わい。育つには少々時間がかかる。江戸〜明治　高15【桑納】

李朝刷毛目徳利

李朝三島（粉青沙器）の徳利で、刷毛を用いて白泥を塗る。使い込めば育っていく楽しみがある。朝鮮時代　15〜16世紀　高14

黒高麗徳利

朝鮮半島で焼かれたもので、全面に鉄釉が掛けられており、黒一色の徳利はほかにはない。朝鮮時代　15〜16世紀　高17【桑納】

スタッフォード窯盃

英国のスリップウェアが作られたスタッフォードシャーの窯のやきものだが、ひっそりと静かな小盃。18世紀　口径6.5　高3.5【桑納】

古染付網手文猪口

天啓古染付は自由でのびのびしており、日本の数寄者が愛好。素朴な温かさが酒器に好ましい。明末清初　口径6.5　高4.5【長谷雄堂】

李朝白磁片口

19世紀末まで大量に焼かれた白磁は、生産時期や窯によって質感は多様。大らかな造形が好ましい。19世紀　口径18.5　高8【織田有】

手軽に愉しめる猪口やガラス、手で包み唇で味わう骨董の味わい

ボウルが長いワイングラス

ボウルとはワインを入れる器の部分。ステム（足）は短く、フット（台）は八角。いい雰囲気。イギリス　18世紀　口径6　高12

サンチュベールシャンパンクープ

1935年頃のクープ型シャンパングラス。クルージングやヨット遊びのため重心が低いデザイン。ハンドカットのステムが美しい。口径10　高7

オールドバカラのグラス

1764年創業のフランス・バカラ社は、クリスタルガラスメーカーとしてヨーロッパの王侯貴族に愛用された。1936年以前の製品はバカラの刻印がなく、オールドバカラと呼ばれる（左の3点）。手前左はステムがなくフットプレートが八角形のアールデコスタイルワイングラス、口径7.5　高9　右はリキュールグラス　口径5.8　高7

ルーシー・リー櫛目文盃

イギリスを拠点に活躍、モダンな意匠の器を作った女流陶芸家ルーシー・リー。酔えない価格ではあるが。口径7.5　高7【桑納】

ガラス徳利
乳白色ガラス（右）も透明ガラスも和ガラスで、口がついており酒器として作られたものだろう。乳白色ガラス徳利は明治、透明ガラスは大正。共に高17

デルフト徳利（左2点）
瓢形は、伊万里などにもある徳利の形。日本からの注文品だろうか。高25。手前は藍絵花鳥文。オランダ　18世紀　高14.5　盃と3点【桑納】

デルフト色絵盃
本来はティーボウル。日本に来たら盃になる。オランダ　18世紀　口径7.3　高4【桑納】

花の器 小壺

小さな壺に一輪が奏でる風韻

白洲正子は、骨董の器に花を入れて楽しむ名手だった。秦秀雄もしかり。魯山人も骨董と花の出会いを愉しんだ。白洲と秦には、骨董と花の著書もあり（白洲正子『花』、秦秀雄『野花を生ける』共に神無書房）、「花は器にしたがっていれば、自然に形になることを自得した」と『花』のあとがきにある。

　たとえ割れや欠けがあっても、花は器を生き生きと生き返らせて、みずみずしい空間を作りだす。野花や和花には土器が似合うが、大仰な壺でなくても、気に入った小壺に、一輪の花を入れてみたい。花が器を呼び、器は花を呼ぶのだ。

白丹波小壺

味噌や漬物など日用の保存食品を入れていた壺だが、粉引のようなやわらかな肌は、どんな花にも使える。江戸末　口径14　高15

弥生壺

赤みのある肌と素朴な形。素焼きの土器には、ほのぼのした趣があって野の花が似合う。口縁が広く生けやすい。弥生時代　口径7.5

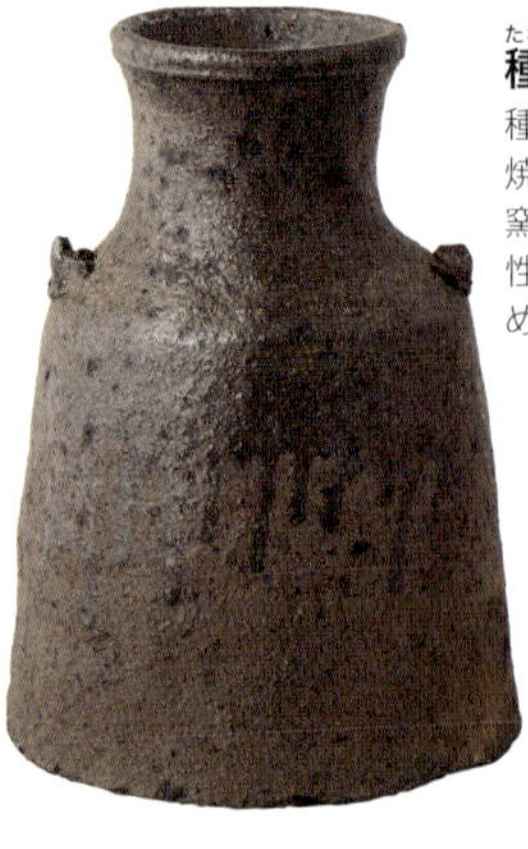

種子島《たねがしま》・能野《よきの》焼

種子島能野で江戸時代に焼かれていた朝鮮系登り窯。陶土に砂鉄を含み、男性的な渋みが漂う焼き締め壺。口径6.5　高16

須恵器長頸瓶

崇福寺と呼ばれる小壺で、元来は仏花器だったとも。焼きが甘いが、旧蔵者は鐶をつけ掛花入れに仕立てた。平安時代　口径3.8　高10.5

須恵器小壺

張りのある胴からすらりと伸びた首。鋭い造形には、軽快なリズム感があり轆轤技が光る壺。須恵器は花の風趣を伝えてくれる。古墳時代　口径6　高14
【花徑】花／利谷有里

骨董花器の扱いかた

水を入れれば湿気を呼び、重量もかかるので注意。なるべく器を濡らさないことだ。

●「落し」を使う。土器には、直接水を入れない。細いガラス管を使ったり、ペットボトルを切った「落し」を入れたりして、二重にすることが必要。

●樹液や花粉に注意。落ちにくいこともあるので、花粉の多い花は避けるのが無難。

●土器は、使用後は陰干しし、よく乾燥させてからしまう。

見立て

花を入れて器の美を再発見する愉しさ

見立てとは、もともと茶の湯の世界で使われてきた言葉だ。韓国の雑器を抹茶茶碗に使ったことをはじめとし釣瓶や備前の種壺を水指にし、利休の花入れには瓢箪もある。本来の用途から転用することが見立てで、眼と想像力、自在な心があれば、誰でも見立てはできる。左ページの花入れは、大工が使った墨壺。本来の花器とは違うが、再び蘇った墨壺も花も輝いている。

バッテリー入れ（左）・筆洗（右）

書道で筆を洗う白磁容器も、バッテリーが入っていたガラスも四角。四角は花と相性がいい。昭和時代　（左）19.5×7.5　高18.5　（右）10×6.7　高12

ろうそく入れ

提灯（ちょうちん）のろうそくが燃え尽きた際の用意に腰に差して持ち歩いた道具。竹製なので、細い試験管を入れて一輪挿しに。幕末明治　口径2.5　高17

ワインボトル

オランダでワインを入れた型物の量産品。使用後は捨てられたが日本で再利用。泡の残る吹きガラス瓶の美しい原形。18世紀　17.5×10.5　高28

鉄灯火器

電灯がない時代の灯火器は各種あるが、これは持ち運び用でいい鉄味。白いそば猪口を組ませ、野花一輪が似合う。江戸時代　高34　5点【桑納】

墨壺

麻の葉文を丁寧に彫った上に塗った朱漆が、時間を経て水玉のようにぽつぽつと残って愛らしい。細い落しを入れて花を入れている。大正時代　長径18　高8.5【花徑】　花／利谷有里

金魚鉢

ガラスを吹いて形を作ったあとのぎざぎざした切り口が残る金魚鉢。透明ガラスはどんな花も受け入れてくれる。大正時代　口径5.5　胴径18

壁を飾る紙のもの

額に入れて飾ると、たちまち中世の雰囲気に

かつての伝統的な和風住居では床の間があり、由緒ある掛物を折々に掛け替えた。また調度品や道具類を配した空間からも、住む人の時間の蓄積を伝えた。住居というのは、そこに暮らす人々の心や哲学を反映し、息づいている空間だといえる。形は心を表現し、空間は語る。それを古人は、「しつらい」という言葉で呼んだ。

　和の住まいが少なくなった現代だが、心を通わせる好きな骨董を壁に飾って、自分だけの語る空間をしつらえてみたい。

木版の西洋トランプ

糊で張り合わせた厚紙を木版で彩色後、手切りしたため、絵がずれていることもある。固有の人物が当てはめられており、まだ双頭ではない。古いカードは味わいがあって面白い。ヨーロッパではトランプといわず、プレイングカードと呼ぶ。発祥は不明だが、普及したのは14世紀後半頃。フランスで4つのマークが生まれ、イギリスからアメリカへ広まった。何枚かを組み合わせて額に入れてみると愉しい。フランス　18世紀【桑納】

李朝木版地図

朝鮮王朝時代、国は八道に分けられていた。その一つ、江原道の木版地図。山がへの字で描かれている。朝鮮時代　18世紀　29.5×36【桑納】

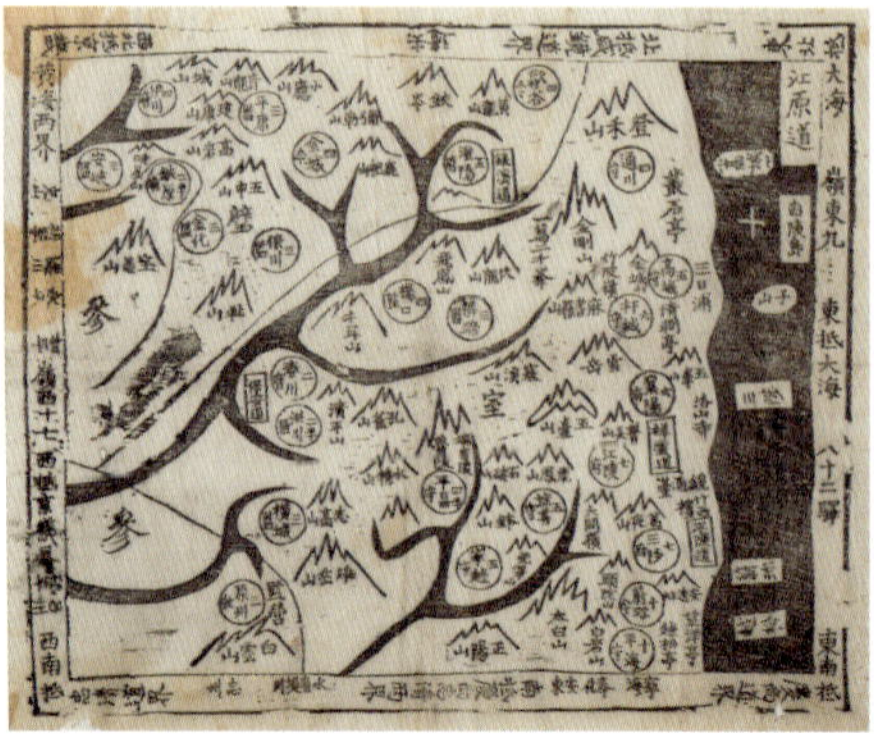

グレゴリオ聖歌楽譜

羊皮紙にネウマと呼ばれる四角譜や歌詞のラテン語を酸化鉄やイカ墨を用いて羽根ペンで描いて繊細な味わい。飾り文字や譜にはかすれが生じ羊皮紙の片面は黄ばみ、愛おしい。15～16世紀　49×35.5

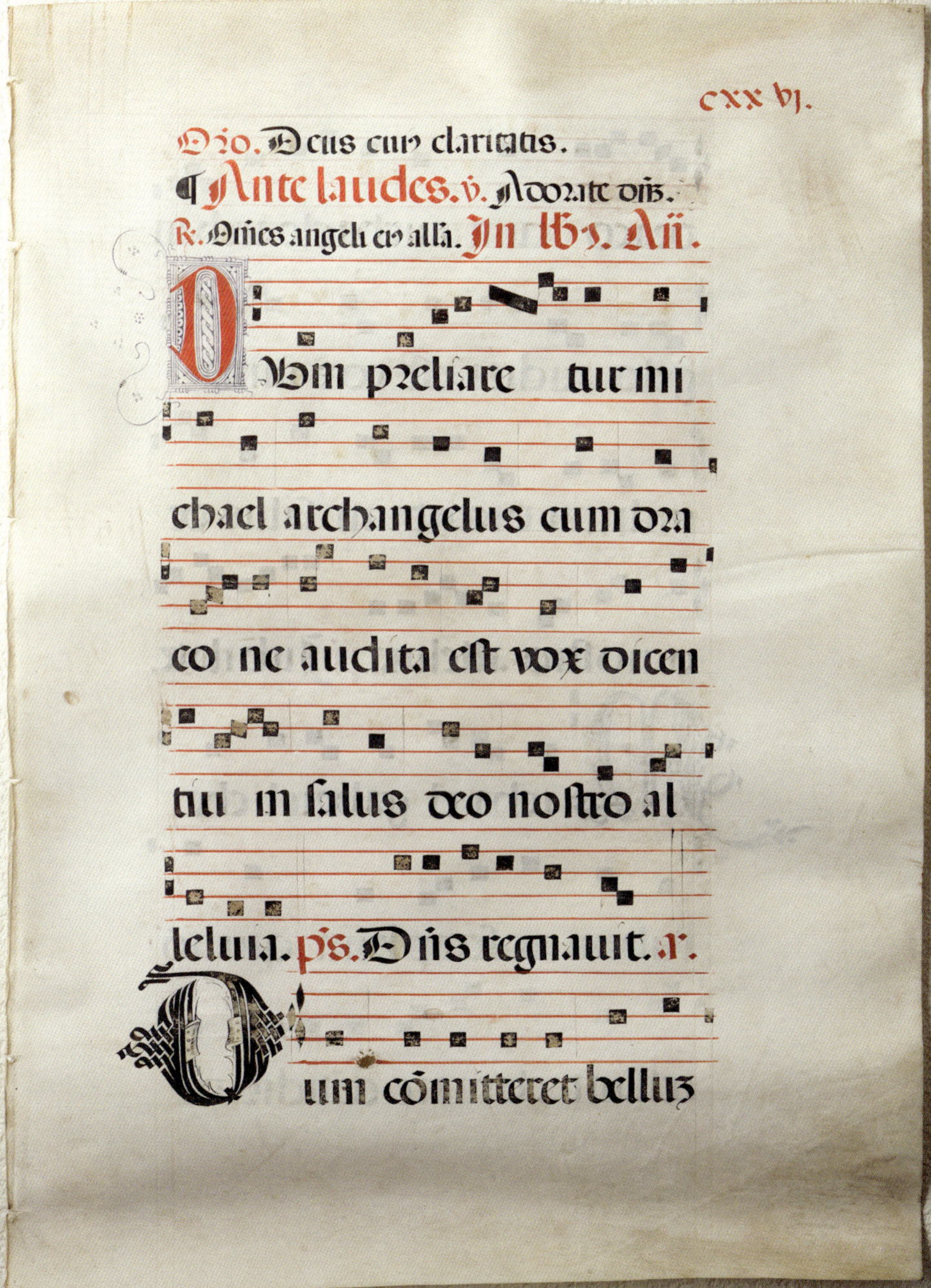

大津絵と護符

呪力をもつ護符と民衆的風刺の絵画と

大らかな絵画から
飄々《ひょうひょう》と発散するエネルギー、
海を隔てた二つの国の民衆画

朝鮮の護符

高麗から朝鮮時代に至るまで、木や金属の板に彫った絵を墨や顔料などで刷った版画が多用された。絵に刻むことで視覚化した伝達手段や呪術になり、民間では邪気を払って福をもたらす願いを込めた護符となった。護符には虎やカササギがよく用いられた。
朝鮮時代　木版護符虎と鷹図　45×37.5【織田有】

表具

文字や絵など書画を本紙といい、これを表装して掛物に仕立てるのは専門職の表具師。古い絵は、そのまま飾らず表装したい。現代は洋空間に掛けてもいいので、本紙の周囲を白い裂《きれ》にするなど自由な感性でオーダーしたい。

日本の大津絵

江戸から明治にかけて、東海道の宿場、近江の国大津の追分界隈で土産物として往来する旅人に安く売られていた民衆絵画。初期には、民間信仰の対象である神仏画が主だったが、元禄年間の頃から、藤娘、太夫、若衆、槍持奴、弁慶、鬼の念仏、瓢箪鯰などの世俗画を描くようになり、世相を風刺したユーモラスな戯画が登場。画題は120種余り。素朴な描法で、量産するために簡略化して描かれ、諧謔（かいぎゃく）や風刺（ふうし）を込めた絵は、江戸時代の庶民の人気を集めた。上は、牛若丸こと義経が五条の橋の欄干に立つ絵（右）と弁慶の立ち往生の絵（左）。衣川での弁慶最後の姿で、長刀弁慶とも呼ばれる。大らかな筆致は、今見ても愉しい。共に江戸時代。弁慶図　66×21.5【天宝堂】　牛若丸図　56.5×22.3　写真：大屋孝雄

布・陶片

片々の布、やきもののかけらが誘《いざな》う遥かな宇宙

紀元前イラン
彩文土器陶片

紀元前、イランで発達した土器文化では、山羊、馬、羊など身近な家畜が、ファイアンスに描かれた。鹿のような山羊のような絵の小さな陶片が、遠い4000年前の時間へ誘う。22×22×高16【花徑】

古渡り更紗

インドに始まり、世界中で愛された木綿の染め布。古渡り更紗と呼ばれる江戸時代中期頃までに舶載された上手の更紗は、布を手にした人々の心をときめかせた。エキゾチックで華やかな布は小片でも優美だ。古渡り印度更紗 （右）17世紀 18×12.5（中）（左）18世紀 36.5×26【織田有】

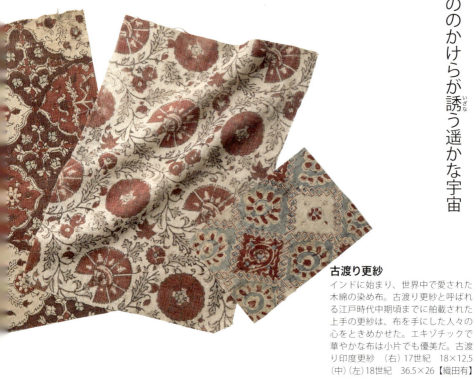

方寸断片の鮮麗な切れ端、割れた陶片、手のひらに載るかけらが時空をさかのぼる

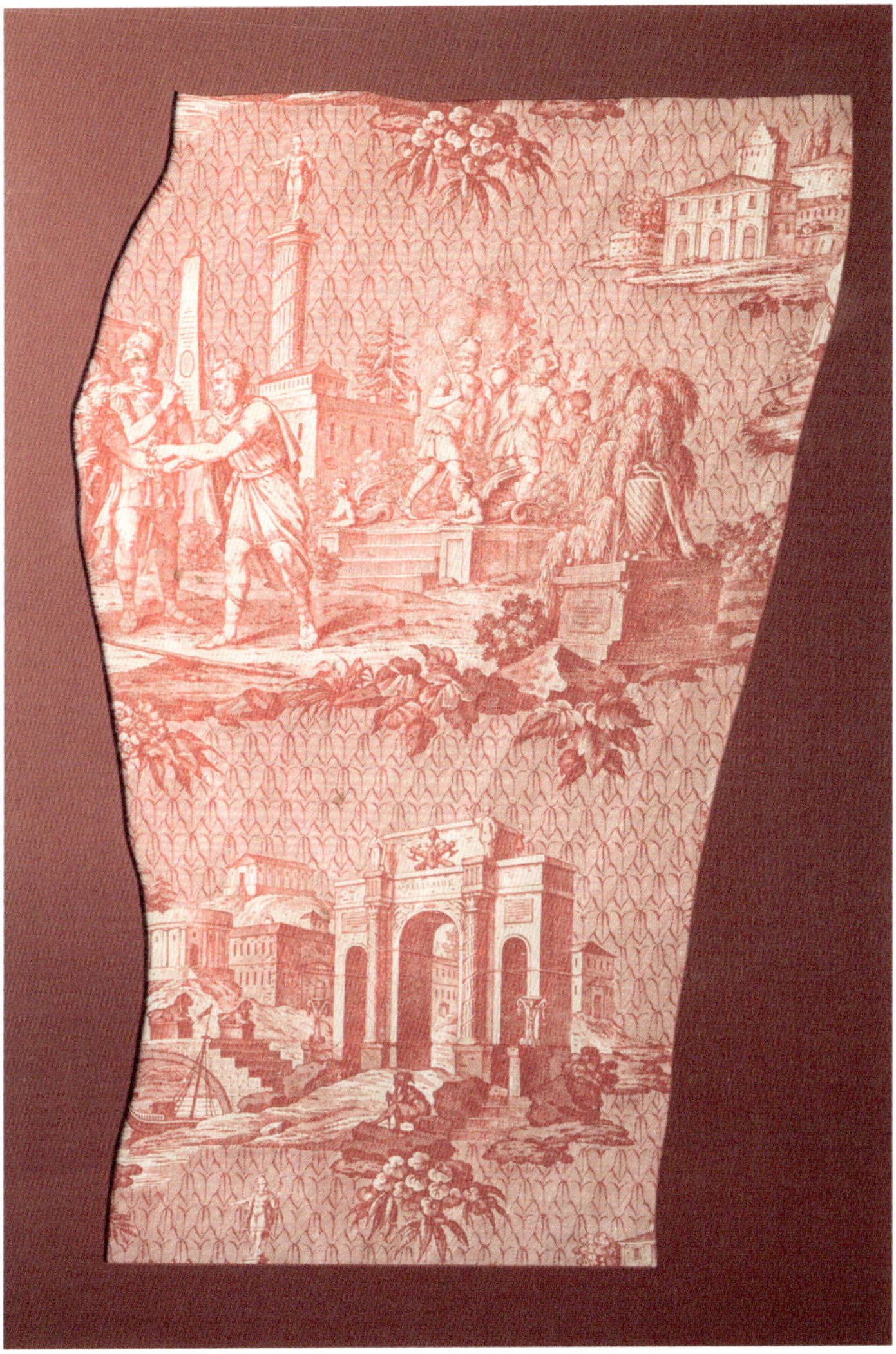

フランス銅版更紗

もともと版画の技術が高かったヨーロッパでは、インド更紗に触発された模様染めを表現。18世紀半ばに導入された銅版によって、リアリティある写真的な更紗を染め、インド風なものを脱した。この更紗は、「ヴェルサイユ」とタイトルがあり、エッチングの細かい描写と遠近法で表現。裁ち落としたままの変形布。1815年　ミュールーズ製　長54【織田有】

額

イラン陶片の額（右上）は、またとない凝った造りで、陶片の魅力を引きだしている。たとえ断片でも、額縁は一つの世界を作り上げてくれる魔術師といえる。額に入れることでたった一つの固有な世界が誕生する。

インテリアの脇役

デルフト製の軟膏を入れる壺、アルバレロ。サイズも豊富な乳白色の陶器は、見飽きることがない。また、大正時代の鋳物の電気スタンドを机上に置くと空気は一変。やさしい光になごむ。

アルバレロ
（軟膏容器）
口径はおよそ4cmから10数cm。小サイズは、お茶の茶巾筒やぐい呑みに、大きいものは水指に。筆筒や花を入れてもいい。空間にやさしい風情を作ってくれる。17～18世紀【桑納】【uchiumi】

暮らしの中で使えるノスタルジックな道具たち、
穏やかでどこか心なごむたたずまい

電気スタンド

ソケット周囲の柄と台が鋳物製スタンドは、ついこの前まで親しんでいたような懐かしさ。こぼれる光まで懐かしさが感じられる。ガラス笠も古いものでいずれも大正時代。
鋳鉄スタンド　(左)高45　(中)高44　(右)ブリキ製　高21【桑納】

レア・アイテム

稀少な骨董をコツコツ蒐める醍醐味

隅田川焼（上）

文政年間、向島百花園のお土産として佐原鞠塢が始めた楽焼。都鳥をモチーフとして評判を呼び、今戸焼など隅田川の近隣の窯でも作られた。白井半七はじめ多くの陶家を輩出した。左上から反時計回りに、振り出し（柿）、茶碗、蓋置、箸置き、香合、猪口、片口猪口、徳利。【天宝堂】

6枚組み猫画タイル（下）

デルフト製タイルは、6枚で1匹の猫の絵柄になる。しかももう1組は、同じ猫が向きあうように描かれ、2組がセットという珍しさ。犬や帆船もあり、4枚、6枚、10枚で1組になるものも。オランダ　17〜18世紀　1枚13×13【大隅コレクション】

骨董のキズと直しQ&A

Q 時代を経た骨董にはキズがあるものも多いと思いますが、どんなキズがありますか。

A やきものの大きなキズは、一部が欠けてしまった**カケ**です。ごく小さなものは**ホツ**と呼びます。釉薬部分だけ剝がれている**釉剥げ**は、古染付の場合はキズとはみなされません。**ヒビ**が入ってしまった状態は**ニュウ**といいますが、釉のみの小さなヒビは**貫入**と呼んでキズとはいいません。土中にあって艶を失った状態の**カセ**もキズの一種。土器や炻器では、これらのキズはダメージとして扱いませんが、磁器ではニュウ一筋でも価格に反映されて安くなります。

窯から出てきたときに欠けたりヒビが入ったりしたキズは、**山キズ**とか**窯ワレ**といって、土ものは欠点とはしない傾向がありますし、中世古窯の焼き締めの壺などは、豪快な景色として賞翫することもあります。

Q 壺を割ってしまいましたが、どうしたらよいでしょう？キズものを買った場合の直しも教えてください。

A 中世の壺、たとえば信楽などは、キズはそのままで直しをしませんが、大方はキズを繕う直しを施します。

カケたのと同じ陶片があれば、接着して**共継ぎ**で繕います。陶片がない場合は、似たようなもので補う**呼継ぎ**の方法で修理します。

漆は、接着剤としての働きがあるので、古来やきものの修理に用いられてきました。漆を塗ってつけてから上に金粉を蒔く**金継ぎ**が多く用いられますが、渋いものには銀粉を蒔く**銀直し**をします。

Q 日曜大工店で売っている接着剤などは使わない方がいいですか？

A 近年では、強力な接着剤が発売されています。伝統的な繕いと違って、接着剤はキズが見えなくなりますが、漆で直したような自然な美しさはないし、時間と共に黄ばんできたりします。日常使いは別として、大事な骨董の場合は、漆による繕いがおすすめです。

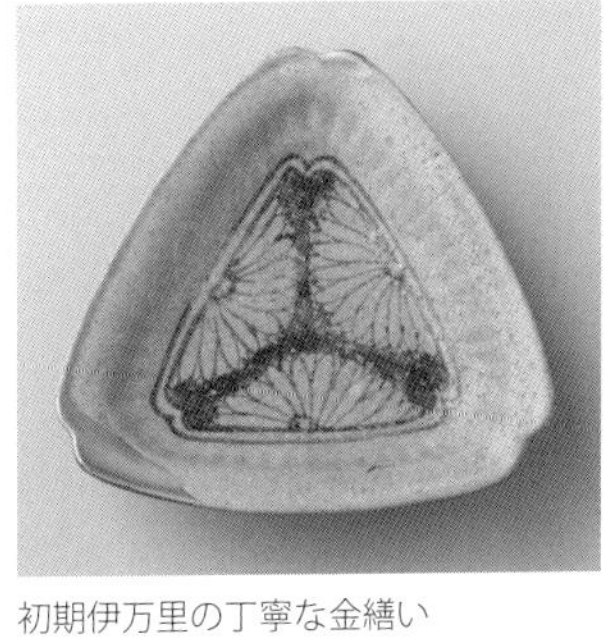

初期伊万里の丁寧な金繕い

尾久さんと骨董市に行く

東京のど真ん中、有楽町の
国際フォーラム地上広場で行われている
大江戸骨董市は、
江戸開府400年を記念して
2003年9月にスタートした。
いまや、全国からおよそ
300軒近くのショップが参加する
日本一の大規模骨董市だ。
五月晴れの日曜日、
尾久彰三さんと早朝から繰り出した。

旧東京都庁の跡地にある東京国際フォーラム。船をイメージした超モダンなガラス棟の真ん前で、時空を超えてきた世界の古きものたちが並ぶ。

有楽町駅国際フォーラム口にて

骨董市の開始時間は9時だ。尾久さんと編集子Kとカメラマン、9時10分前に待ち合わせ。ずらっと軒を並べた露店には、やややっ、すでに人の姿が。骨董は早い者勝ち。我々も自然と足早になって歩道を渡った。

居並ぶ店の数に圧倒され

古着が何着も風に揺れている店もあれば、赤い毛氈の敷かれた台に器物を並べた店もある。こりゃ、みるからに高そうだ。地べたの敷物に売り物を並べた店も数多い。並べ方で店の美意識が感じられる。民芸あり、古道具あり、韓国ものあり、各店各様。初めて足を踏み入れた我らは、あまりに多い店に圧倒されて、いささか迷子の気分だが、この空気に呑み込まれてか気持ちが高揚していく。

「いやあ、東京では一番大きい骨董市と聞いていたけど。それにしてもすごい数だね」尾久さんも呆然だ。

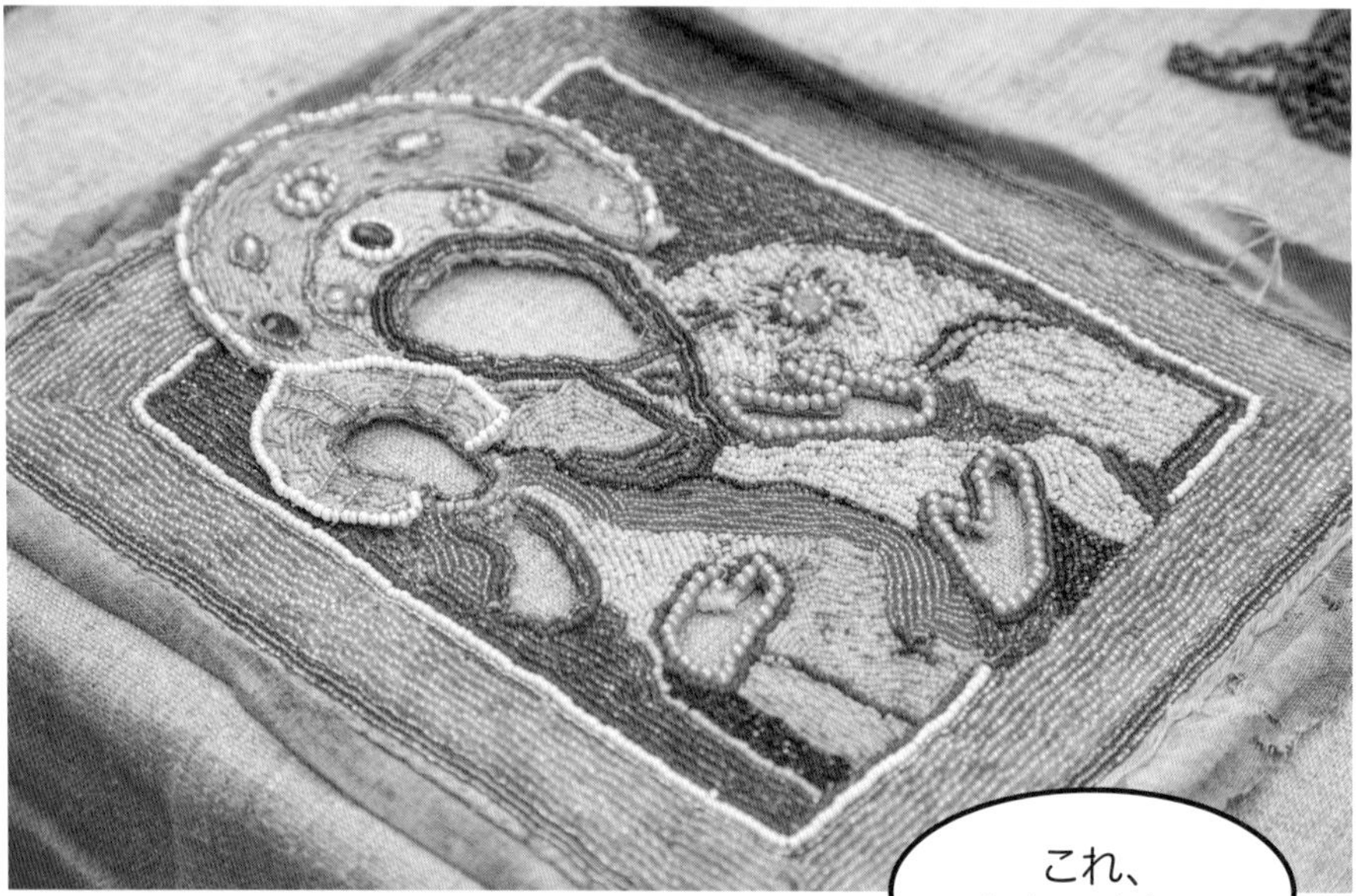

白やブルーのビーズを中心に、ヘッドには黄色を使って輝きを象徴するなど、美しいビーズで丁寧にかがられたイコンのカバー。

東京には、昔ながらに続いている骨董市が多い。尾久さんが、後輩の骨董市マニアにお伺いを立てたところ、「東京なら大江戸骨董市が面白い」とアドバイスをもらって決めたのだ。

えっ、紀元前のスキタイもの！

最初に足を止めたのは、イコンやキリスト教関係のものを並べた店。

「これ、なんですか？」と指し示したのは、細かくビーズで刺し綴って顔のような形がくり抜かれたもの。

「イコンカバーです。ロシアのもので、とても希少なものです」と主人。

緑青のふいた青銅ものに興味津々で、店主に尋ねる尾久さん。

上／北欧の食器が山積の店で。下／ウインザーチェアの横には、イギリス伝統の水柳の籠が。「イギリス人は庭に関わるものが好きなんだよね」

騎馬民族の戦士が身につけていたアミュレット（魔除け）、コーカサスの首飾り、鹿のブロンズ像など、何千年も前のものにわくわく。

紀元前のお守りや
アミュレット！

「いくらですか？」

「六万円です」

残念。今日の予算は五万円。入手できないが、貴重なビーズで丹念に綴ったカバー、敬虔な信仰心が伝わってくるようだ。尾久さん、ガラスケースの緑青のふいた青銅ものに見入っている。金や青銅の首飾りや太陽の形のお守り、短剣やアミュレットなど。うわ〜、素敵だ。

「スキタイのもの。紀元前のものです」と主人。

スキタイといえば、紀元前6世紀頃からユーラシア大陸の草原を疾駆していた騎馬遊牧民族だったはず。時空を超えて一挙に古代へ連れていかれてしまった。

イギリスの銀製スプーンを見る尾久さん。時代により形が変わっていく。

田口康司さんの掘り出しもの、ラスター彩の鉢。金属光沢を発する釉を塗った古代のやきものは、土中にあって渋くて深い色調に変じている。

一番乗り必勝。尾久さんの友達

「やあ、尾久さん、久しぶり。ご無沙汰しています」

声をかけてきた人がいた。骨董友人の一人、田口康司さんだ。

「今、来たの？」と尾久さん。

「いや、もう手に入れたから帰るところなんです」

「えっ、早いね。僕ら、今スタートしたばかりだよ」

「僕、7時半に来たんですよ」

「だって9時からじゃないの？」

聞けば、オープンする前から開けている店も何軒かあるのだとか。何をゲットしたのか興味津々、腰かけて荷を解いて見せてもらうことに。

袋の中からは茶碗が二碗。

「これ高田《こうだ》でしょ。いいね、これ」

Kは、高田焼というのは初耳だ。「なんですか？コウダって？」

高田焼は、九州八代《やつしろ》のやきもの。江戸前期

八代焼とも呼ばれる高田焼は、熊本藩の御用窯。細川三斎好みの茶陶を焼いた。これは青磁風だが、白土を象嵌した陶器の筒茶碗。

「いい茶碗だね。ちょうどいい寸法だね」と、手ざわりを見る尾久さん。

に始まった窯で、白い土を象嵌する陶器だそうだ。

尾久さん、手の中に包み込むように持って、しきりに「いいね」を連発。愛用されていたのだろう。茶碗の見込みには茶渋が染みとなっている。

「そっちは、なに？」

「これ、ラスターです」と田口さん。

えっ、ラスターってペルシャ陶器のラスターなの？

「発掘の手で、灰被《はいかぶ》りなんですけど」

上へしゅっと広がる形は、高田焼とは違って、やはり異国の匂いだ。灰被りゆえ、金彩の輝きには遠くて、かえって味わいが感じられる。

田口さんのラスターの茶碗を、ためつすがめつ手にとって羨ましそうだ。

棚に古伊万里を並べた店で、そば猪口を選ぶ。最初は向付の器だったが、18世紀にそばが普及。大量のそば猪口が製作された。

そば猪口は結局
模様に尽きるんです

古伊万里の染付そば猪口の古さは、裏の高台が手がかり。初期、中期には底面一面に施釉。ごく初期は小さな上げ底高台。中期は、わずかな縁がつくベタ底。後期には、蠟抜きした輪型が残るメガネ底や蛇の目高台。これは中期のもの。3000円也。

「うまいこと探し出すね」と、尾久さんも感心しきり。

さあ、探しましょう。まずはそば猪口

「さて、僕らも見つけなくっちゃね」

北欧陶器の店隣、ウインザーチェアをしきりと撫でる尾久さん。脚を撫でたり、座をさすったり、背もたれを遠目、近目で確認したり……。椅子にも目がない尾久さん。

「尾久さん、残念ながら今日は椅子は買えませんよ」

そば猪口を並べた店があった。

「そば猪口は安いし模様も豊富だから、初心者には入りやすい入り口なんですよ」

それにしてもさまざまな模様が並んでいる。目移りしてしまう。

「好きな模様を選べばいいんだけど、そば猪口は結局模様に尽きるんです」

「それはなんの模様ですか？」

「竹なんですよ。寒山拾得《かんざんじっとく》図《ず》からきた独特の模様ですよね」

似た模様の猪口が二つ。肌の色を比べたり、

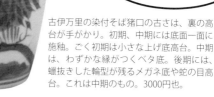

李朝ものを扱う店で見た素敵なもの。朝鮮時代の葬列には木偶（モグ）と呼ぶ人形を飾って、あの世への道づれとした。これもその一種だったのだろうか。鳥に乗る人は笛を吹いている。

底をひっくり返したり。

「こっちはホツがあるね。こっちの方がいいね、底が丸いしね」

木の人形は、動物の形をしているが、風化し朽ちて何の動物か不明。オブジェと化している。

尾久さんが選んだのは、釉薬が一面に掛けられているベタ底だ。外した方は、メガネ底高台。３０００円也。まずは、本日最初のお買い上げだ。

糸巻き。朝鮮時代、男性の「文房四宝」同様、女性の必需品は裁縫道具。祈りをこめて針を運んだ大事な道具の一つだ。

尾久さんは、いい布を発見する名人。さすがに目が早い。美しい絣だ。各900円也。

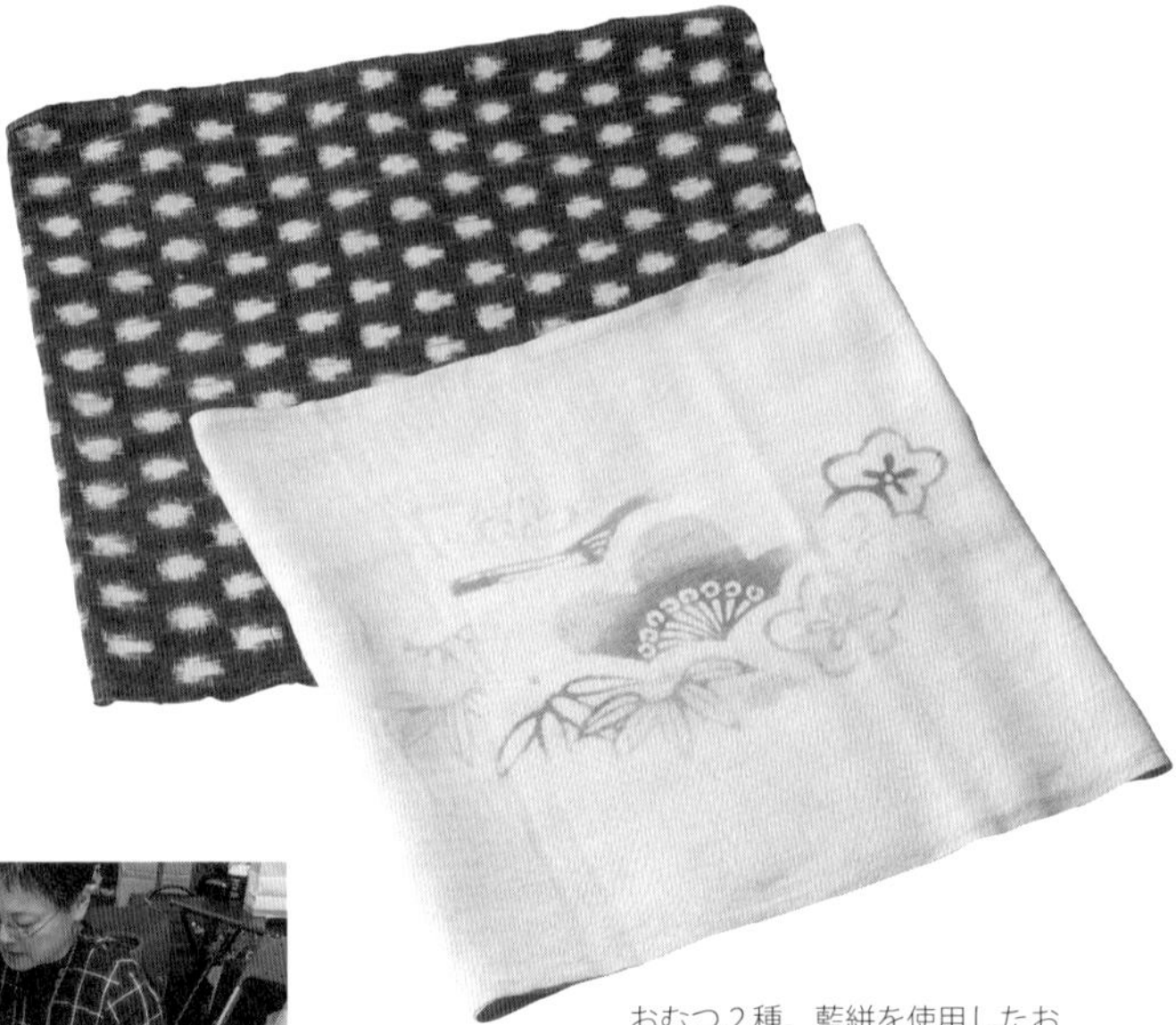

おむつ２種。藍絣を使用したおむつ(上)と、手拭いを使用したおむつ。布のなかった時代の暮らしをしのばせて貴重だ。

おむつを発見

韓国ものの店で、尾久さんの足が止まった。なにしろ『丸ごと韓国骨董ばなし』(バジリコ)という著書があるほど、韓国ものにもぞっこんなのだ。

麻のポジャギ(パッチワークによる韓国の風呂敷)が下がっている店には、白磁をはじめ民画や木工品などが。尾久さんは、朽ちたような木像を手に取って眺めて首をかしげている。どうやら動物のようだが、用途はなんだったのか。

布をきれいに並べた女性の店で、いきなりしゃがみ込んで、一枚の布を手にした尾久さん。モダンな絣を一部だけに使って、輪のように縫ってある。なに、これ?

「おむつなんですよ」

紙おむつ全盛の現代。若者は知らないだろうが、日本のおむつは古浴衣や晒しを輪に縫ったもので、縦と横に二枚折り重ねて赤ちゃんのお尻に巻いた。これは古い時代のものだ。きれいに洗ってあるので、いわれなけ

ばったり会った勝見充男さん。「大江戸骨董市は面白いんだョ」といって、掘り出しものが見つかりそうな店へ案内してくれた。

勝見さん、
いいところを
教えてください

勝見さんが案内してくれた店の一軒には、フランスの古い陶器やデルフトやタイルなどの洋ものが。厚い陶器の水切りで、底にも穴が開いている。9000円也。

ればおむつとは想像もできない。

「布おむつのマニアがいるんですよ」。聞いてのけぞってしまった。

一枚１０００円也。「負けてもらえますか？」と聞くと、９００円にしてくれた。

勝見充男さんにばったり

おむつをぶらさげて歩いていたら、にこにこと笑いながら手を振っている人がいる。あらっ、勝見充男さんだ。「開運なんでも鑑定団」の鑑定士の一人でもある。

「どういうメンツ？」と事情を聞かれて、訳をかいつまんで説明。

「勝見さん、毎回来るんですか？」

「仕事で、探す必要があったりするとね。時々来てみるのよ」と。

ここで会ったが百年目だ。

「あんまり店があって、絞り込めないんです。勝見さん、いいところを教えてください」

親切な勝見さんはＯＫして、早速、案内してくれた。

クロコダイル模様の缶は9000円也。ハントリー＆パーマーは、ビスケットのためだけに、こんなに凝った素敵な缶を製作したのだ。

酒の器について、何冊か著書のある勝見さんが最初に選んだものは、酒の肴を入れるのにぴったりな豆皿だ。

最初に行ったのはデルフトのタイルや小壺、金属の小品などを並べた小ぎれいな店。小皿をゲットした勝見さん、突然、Kに向かって、

「あの缶、茶籠にいいと思うよ。昔、茶籠が欲しいって探してたじゃない」

そんな古いこと、よく覚えていますね。編んだ茶籠が欲しくて探していたが、とても高くて手が出せない。とうに諦めていたことだった。

見せてもらうと、クロコダイル模様が型押しされている缶で、エンボス加工が施され鱗が浮き彫り。なんというしゃれた缶。見たことがない。

「イギリスの老舗の菓子メーカー、ハントリーパーマーのビスケット缶なんです」と女主人。「ほら、ここ、ロゴが刻印されているでしょう」

口金にはH&P PATENTとある。

「口金は二重鍵で、まだちゃんとかかりますし、ハンドルは折り畳み式」

ビスケット缶にして、このエレガントさ。1900年前後のものだという。

50センチ近くある大きな面は、和紙を重ね張りして漆塗り。ぎょろ目、でっかい造作。異形さがすごい。「火災護神」と裏に墨書き。11000円也。

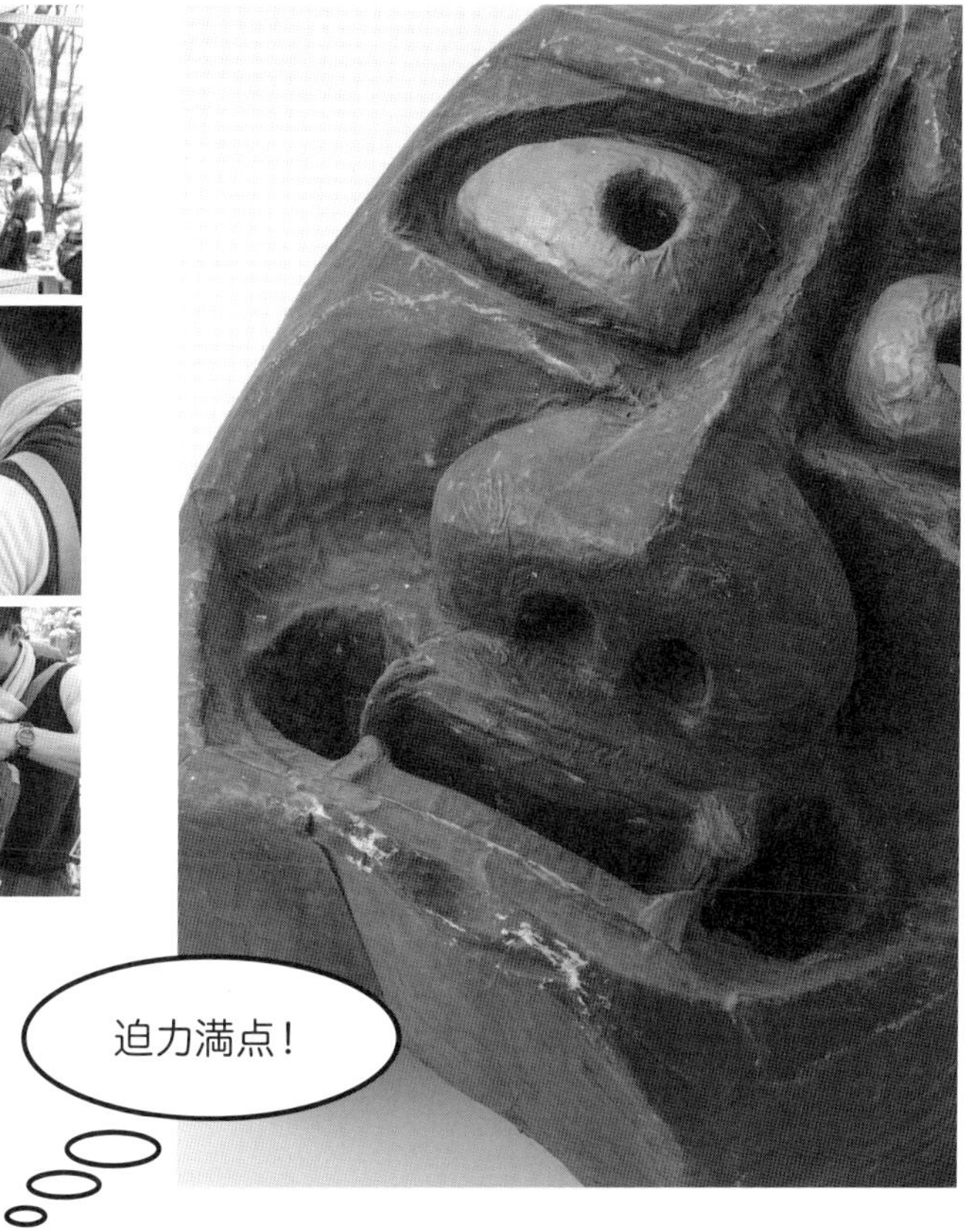

「茶籠にいいよ。確かにおすすめだ。勝見ちゃんは目が早いね」

尾久さんにも背を押されて、K、「ください」。ビスケット缶1万円を9000円にしてもらった。

尾久さん、お気に入りをゲット

勝見さんと別れて、ふと目に入った店へ尾久さん一目散。大きなお面が目に飛び込んだのだ。

かまど面や仮面、神楽面、インドネシアやアフリカ面など、さまざまなお面の面《おも》持《も》ちに惹かれて、数多くのコレクションをしている尾久さん。

「これもかまど面の一種だね、きっと。どこのものだろう」

「会津の張り子です。裏に火災護神って書いてあるんです」と主人がひっくり返す。

火災を防ぐための民間信仰の面だそうだ。大きな眼光にでかい鼻、口も大きく、まことに異様な形相をして、火の災いが及ばないよう睨みを利かせているのだ。ずぶの素人がこ

小机は、中国のもの。清より前のものらしい。脚は３方だけで、前には丁寧な彫刻が彫ってある。いい味。

竹製の蓋もの。細い竹ひごを使って、施してあるのは３種類の編み模様。写真左上は蓋。左下は、籠の内底の編み模様。どちらもとても美しい。3000円也。

美しい細工だね

しらえたのだろうか。素晴らしい。

「これ、買いましょう」と嬉しそうな尾久さん。負けてもらい１１０００円。小机のようなものが下にあった。これもえらく気に入った尾久さんだ。

「中国南部のものです。清より前だと思うんです」

値を聞くと２５０００円。

「仕方ないね。諦めましょう」

その代わり、と手に取ったのはきれいな竹の籠。これ、３０００円。

「美しい細工だね。菓子器の蓋ものだけれど、虫籠にしたらいいよね」

ほかにも、いろいろ気になるものを持っている店主に、

「あなた、目がいいね」と褒めちぎる。

戦い終わって

気がつくと、お昼をとうに過ぎている。一休みしようと戻る途中で、尾久さんが立ち止まった。

「この皿、いいな。早くこれに気がつけばよ

「見きれないほど充実しているね」と、
立ち去り難い尾久さん。

藍九谷など上手の古伊万里
ばかりの店にも立ち寄って。

〔本日の戦利品〕
そば猪口……3000円
おむつ2枚……1800円
フランスの陶器水切り……9000円
お面……11000円
籠……3000円
ビスケット缶……9000円
キュ ノワール皿……13000円
〆て　49800円也。

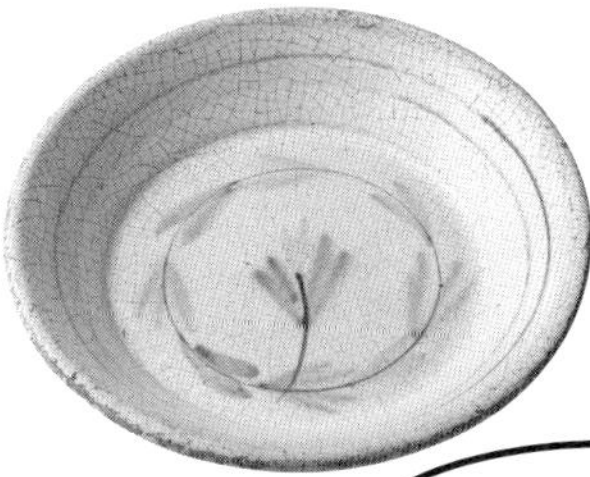

フランスの古い
キュ ノワールは、
13000円也。

この皿、いいな

かったなあ」と残念がる。

　フランスのキュ ノワールだ。貫入がたくさん入っていて、口辺の釉が剝げているが、時代を超えて愛されてきた趣《おもむき》と重み。いい雰囲気である。

「今日の予算を超えてしまうので、安くなりませんか」と聞くと、１３０００円と。「もう一声お願い」と頼むが、「北陸から来たので、往復の高速代がかかるんです。１０００円だけで勘弁してもらえませんか」といわれた。

　遠く地方からの出店も多いのだ。

　骨董屋の主人たちの個性のぶつかりあいが、品物の多様さにつながり、賑わいを高めているのだと再認識した次第。

「量がものすごいし、扱っているものの幅も広い。こんな多くの店が一堂に会している骨董市には、探す楽しさと、ゲットする喜びがあるね」と尾久さん。

「こちらがいいと思えば、工夫次第で使って楽しめるものが多々あることが分かった。面白かった〜」とも。

　ビールを飲みながら、戦利品にかんぱ〜い。

東アジアやきもの年表

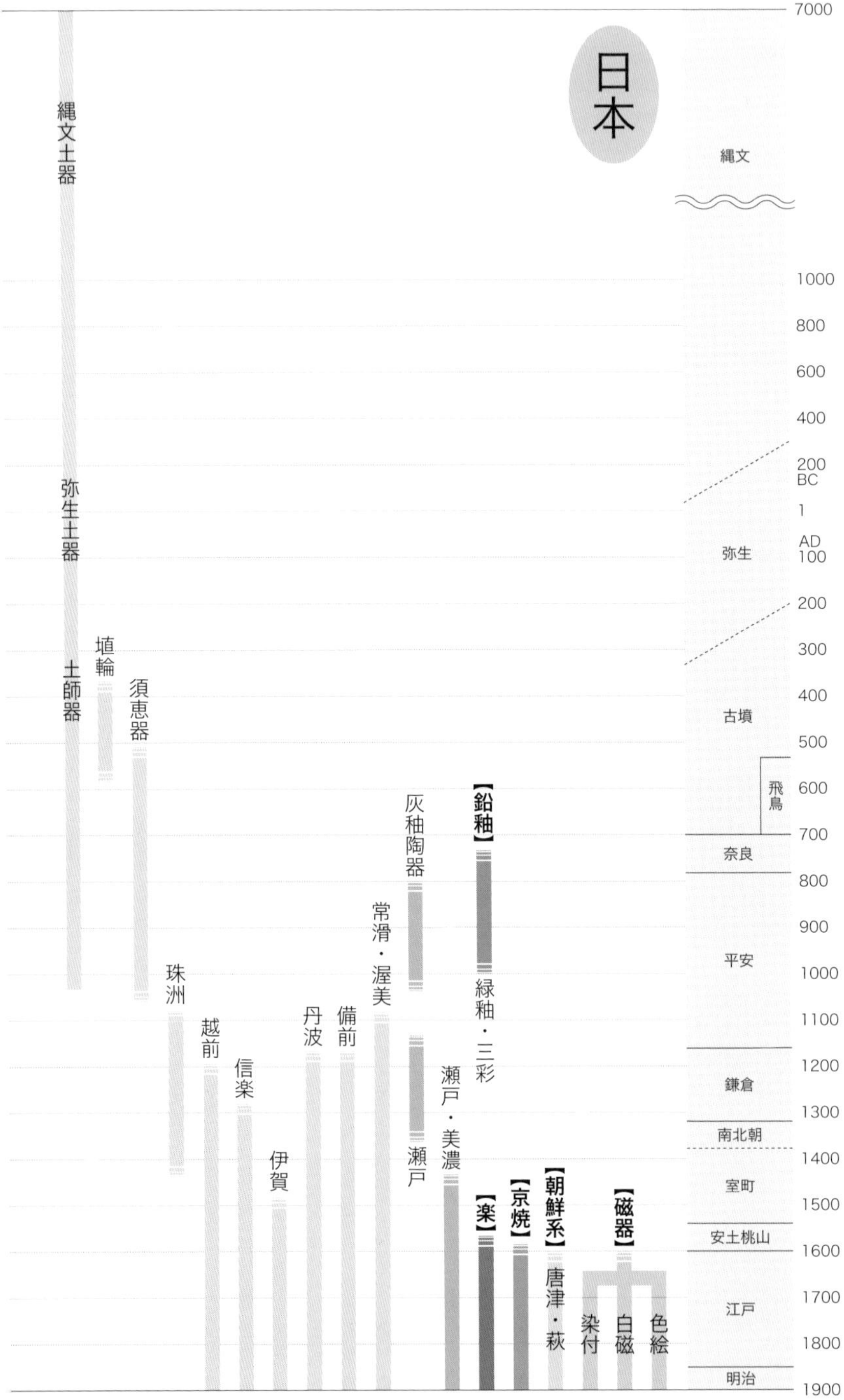
日本
7000
縄文
1000
800
600
400
200
BC
1
AD
100
弥生
200
300
400
古墳
500
600
飛鳥
700
奈良
800
900
平安
1000
1100
1200
鎌倉
1300
南北朝
1400
室町
1500
安土桃山
1600
1700
江戸
1800
明治
1900
縄文土器
弥生土器
土師器
埴輪
須恵器
珠洲
越前
信楽
伊賀
丹波
備前
常滑・渥美
灰釉陶器
瀬戸
瀬戸・美濃
【鉛釉】
緑釉・三彩
【楽】
【京焼】
【朝鮮系】
唐津・萩
【磁器】
染付
白磁
色絵

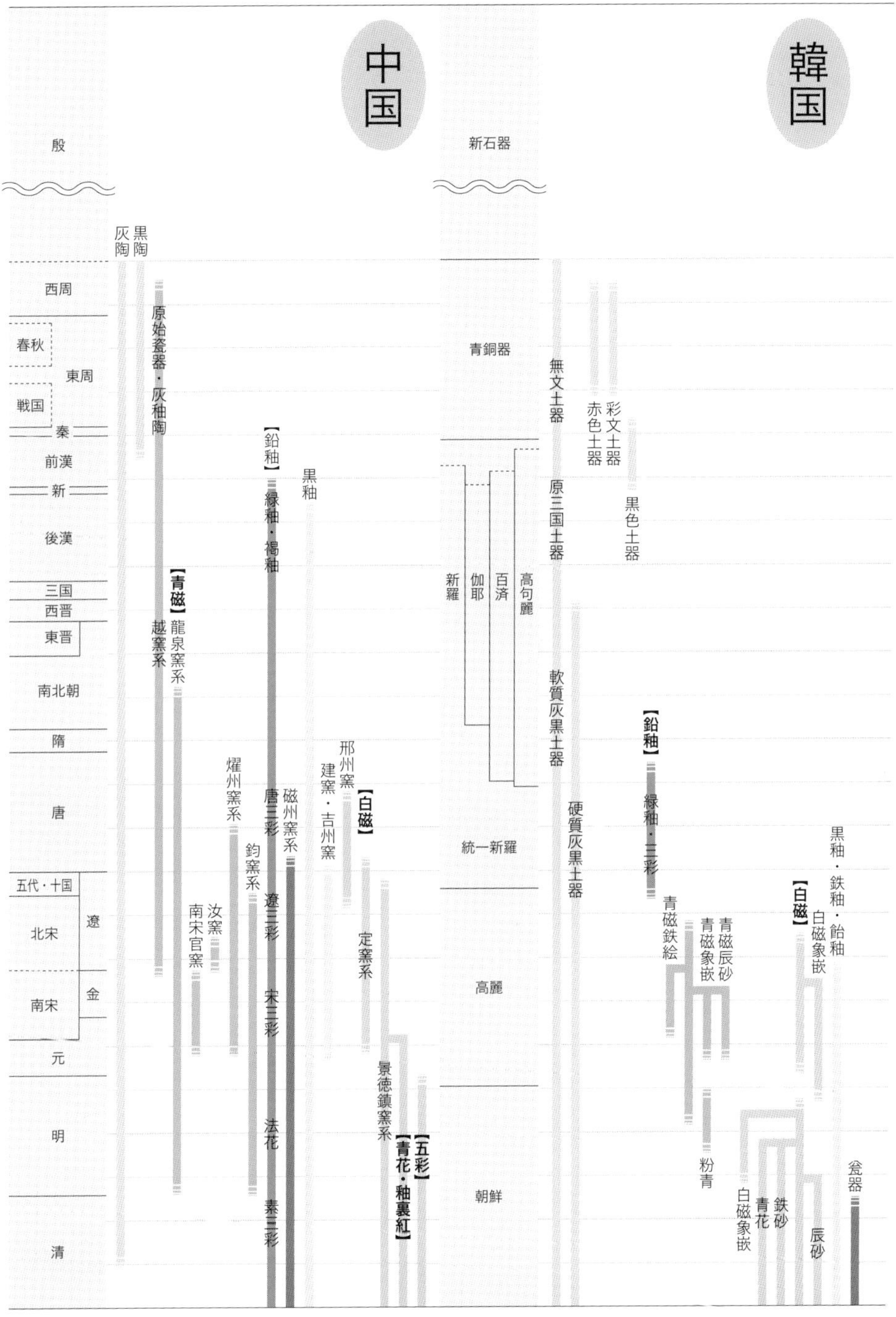

参考：平凡社『別冊太陽　中国やきもの入門』

行ってみたい骨董市

大江戸骨董市

●毎月第1第3日曜日（雨天などスケジュール変更の場合あり）／ 9:00〜16:00

2003年、江戸開府400年を契機に開催されたアウトドア骨董市。出店数300店ほど。

・東京国際フォーラム地上広場
・東京都千代田区丸の内5-3-1
・☎03-6407-6011［㈱クレド］
・JR・地下鉄有楽町線有楽町駅下車徒歩1分
・メモ　代々木公園ケヤキ並木でも不定期に開催。東京オリンピック前年と2020年はホームページ又は応答電話で要確認。

目白コレクション

●5月、10月に2日間開催／（1日目）12:00〜18:00、（2日目）10:00〜17:00

目白の教会のホールでスタートして10年。メジコレは、日本全国から“今を生きる古美術”60店が集合。目が離せない質の高い骨董市だ。

・椿ホール
・東京都豊島区目白1-4-8　デサントビル地下1階
・☎03-5996-4677
・JR山手線目白駅徒歩1分(学習院大学の並び)

新井薬師アンティークフェア

●毎月第1日曜日（1月は休止）／ 6:00〜3:30頃（雨天中止）

乃木神社と並び東京では歴史のある骨董市で、プロの業者も早朝から足を運ぶという噂だ。

・梅照院新井薬師境内
・東京都中野区新井5-3-5
・☎090-1044-8848（河野）
・西武新宿線新井薬師前駅南口下車徒歩5分
・JR中野駅北口からバス新井薬師前下車

鎌倉古美術展

●春（4月末〜5月初）秋（10月末〜11月初）に各2日間／ 11:00〜17:00

文学者里見弴が、設計にも関わったという大正ロマンの香りあふれる空間で、十数軒の少数精鋭店による骨董市。↗

↘・西御門サローネ(旧里見弴邸)
・神奈川県鎌倉市西御門1-19-3
・☎0467-60-4752（一閑）
・鎌倉駅東口バス4番又は5番で大学前下車。花屋の手前を左折して道なりに5〜6分。

京都アンティークフェア

●毎年3月6月10月に3日間開催／ 10:00〜17:00（最終日は16:00まで）

平安遷都1200年の1994年から始まって20数年。いまや西日本最大の骨董祭り。350店舗が3フロアにぎっしり並んで壮観。

・京都パルスプラザ
・京都市伏見区竹田鳥羽殿町5
・☎077-522-2307（吾目堂）
・地下鉄竹田駅西口から無料シャトルバスあり。

弘法さん

●毎月21日／日の出〜日没（雨天決行）

東寺ガラクタ市

●毎月第1日曜日

3月21日は空海入寂の日。縁日がきっかけで始まって800数十年。世界一古い骨董市。

・東寺境内
・京都市南区九条町1
・☎0774-31-5550（東寺出店運営委員会）
・JR京都駅から新幹線沿いに徒歩10分。近鉄東寺駅から徒歩5分。
・メモ　ガラクタ市は、手作り品も多い。

天神さん

●毎月25日／早朝〜21:00頃

北野天満宮の縁日は、菅原道真公の生誕と薨去にちなむ日。夕刻からは境内がライトアップされ、所狭しと並ぶ露店のひと味違う骨董市。(毎月25日は駐車不可)

・北野天満宮
・京都市上京区馬喰町
・☎075-461-0005（社務所）
・JR京都駅、地下鉄今出川駅、京阪出町柳駅などから市バスで北野天満宮前下車すぐ。

骨董店とのつき合い方Q&A

Q 初めて骨董屋さんへ行くのですが、どんな店を選んだらいいですか？

A 「初めてでも入れる骨董店」（P155～148）をご参照ください。親切なお店ばかりです。しかし、初心者が骨董店へ一人で入るのは勇気がいるもの。フェアや骨董市へ行ってみることから始めるのもおすすめです。

Q 一流店のウインドウで素敵なものを見ました。中へ入って見せてもらっても構わないでしょうか。

A 知識が皆無なのに高額商品を前に説明だけを求めるのは、失礼になる場合もあります。目を肥やしてから行ってはどうでしょう。

Q 骨董は偽物も多い世界だと聞きました。どうやって判断すればいいですか？

A 未熟な鑑識眼では、その見分けは難しいと思われます。値段は、似ているようなものでも店主次第で幅がありますが、余りに安い場合は理由を聞いてみては？　一にも二にも、信頼関係が結べる店とのおつき合いこそ、自分の眼を育てていく上で大切なことです。主人が勉強熱心で人柄も評判もよい店と出合うことができれば、ラッキー。

Q 高価な美術品の多い骨董店でのマナーは、どうしたらいいでしょうか。また骨董店とのつき合い方があれば知りたいのですが。

A 品物を見る前には、「ちょっと見せてください」とか「手にとっていいですか」と声をかけましょう。品物は、両手で持つこと。また金属の指輪は外してから見せてもらえば、品物に傷をつけません。欲しい品物があっても金額が足りなければ、キープしてもらえます。長期間置かず、なるべく早く受け取りに行きましょう。骨董市では、まだ現金払いですが、最近は、カード払いが可能な店も増えました。

Q 買う時に値切ってもいいですか？

A あんまり非常識な値切り方や高姿勢な態度はよくありませんが、「持ち合わせが足りないので安くしてもらえないですか？」というように聞いてみると、骨董屋さんは存外優しいものだとか。

巽や（たつみや）

A 宮城県仙台市青葉区立町25-1 桃李園ビル1F ☎022-265-0642
B 10:30～18:00（祝日は、11:00～17:00） ／日曜（不定休あり 要確認）
C 東洋古陶磁器・漆器・ガラス・簞笥・民芸作家作品・古民芸全般・西洋小道具・染色品
D 古民芸全般を長く扱っています。蕎麦ちょこ、氷コップ、古裂など、たくさん揃えています。身辺で楽しめるものを見つければ、人生が味わいのあるものになってきます。
E 外国旅行、野球・テニス観戦、料理・菓子作り、教会ボランティア。

古美術 安田

A 静岡県浜松市中区冨塚町205-5 ☎053-450-8080
B 13:00～18:00 ／不定休
C 陶磁器・木工品・ガラス・灯りなど
D コレクターを経て約40年。自分の好きなものを中心に扱っています。

アンティーク・フェルメール

A 石川県金沢市新竪町3-102 ☎076-224-0765
B 11:30～19:00 ／水曜・仕入れの時（HPに告知）
C 18、19世紀のイギリスのグラス・陶磁器・シルバー・アクセサリー・小物など
D 1998年に金沢で開業。ロンドンや東京で余り見かけない珍しい物を揃えるよう、また装飾を抑えて地味な、ちょっと変わった、ありそうで無いものを仕入れるよう心がけています。
ネットの情報などに惑わされず、実際に見て触って、（時には失敗しながらも）自分の直感と好みに従いながら買う。これに尽きると思います。
E 趣味はパイプ。興味があるのは、インターネットの進歩で人間の知性がどう変化しているか、という点。

花元（かげん）

A 大分県大分市上白木7-2 ☎097-538-7400
B 12:00～17:00 ／不定休
C 古陶磁・仏教美術
D 元々コレクターから転身、開業して10年目。主として朝鮮と日本の古陶磁と仏教美術に興味があり、韓国や国内にものを探しに足を運びます。店名は、住居併用店舗の傍らに大きな山桜の木があるので、花の元とつけました。花の時期は見事です。
E 木を植えたり育てたりすることが好き。庭いじりに凝っています。

冨江洗心堂（とみえせんしんどう）

A 新潟県糸魚川市本町2-8 ☎025-552-0429
東京都台東区花川戸2-19-5-702 ☎03-6427-6333
B 10:00～18:00 ／火曜
C 東洋古陶磁・近代工芸・書画
D 六古窯を中心に日本の古陶磁、韓国（朝鮮）陶磁、中国陶磁など。
糸魚川出身の相馬御風や県内出身の良寛さんの書を扱うことをライフワークとしています。創業は大正10年。値高きを恐れず、値安きを軽んぜずの精神で日々精進しております。
興味のある分野がありましたら、頑張って自分のものにしてみることです。大事なお金で手に入れた品物は、きっと見え方が変わってきます。
E 地元の地酒で妻の料理を食すこと。酒は人生の潤滑油也。

骨董 百芍丹
(ひゃくしゃくたん)

A 京都市上京区御三軒町37〔上立売小川上る。御三軒湯(銭湯)上手２軒目〕
☎なし
B 土曜・日曜・25日の13:00～19:00 ／左記以外
C 古陶磁・民間信仰遺物など
D 今の日本で、「美しさ」を根底に持っているのは、喉越しが良いと感じるものに限らないかもしれません。自分が知らなかった筈の日本のことが、何となしに思い出せるように感じる。そんな骨董の形を追えることができればと考えております。
E「民俗学」全般に興味を持っています。入口は柳田國男。日本人はどこから来て、どこへ行くのか。有形無形の民俗資料を通じて現在の生活文化を相対的に説明しようとしている点に最も興味をもっています。

三坂堂

A 奈良県奈良市あやめ池南4-1-8-106 ☎0742-93-9896
B 自宅での営業の為、事前連絡の上お越しください。／不定休
C 仏教美術・古民芸など
D 福島県郡山市で開業し、2010年に奈良に移転しました。店は構えてないのでウェブ、催事中心に営業しております。
骨董って面白いです。
E スノーボード。

古民芸 まつもと

A 奈良県磯城郡川西町吐田425 ☎0745-44-2422
B 12:00～17:00 ／火曜・水曜・木曜(不定休あり、HPで要確認)
C 古民芸・和骨董・古伊万里
D 大阪市北区西天満にて1973年開店以来、手軽な骨董を心がけ、多くのお客様のニーズを満たしてきました。2006年に、奈良の自宅で開業。『小さな蕾』誌に「骨董得手勝手」として50話連載。2011年迄、梅田のNHK 文化センターで骨董講座も開講。
E 奈良の古い茶会記『松屋会記』を解読しております。

その他の地域

古美術28
(こびじゅつにじゅうはち)

A 岐阜県関市迫間892 ☎090-2187-6298
B 14:00頃～17:00時頃まで(リクエストで日によっては変更可能) ／金曜(事前に要連絡確認)
C 古陶磁器・仏教美術・古民芸品など
D 関市の山の中、迫間不動尊という仏閣近くにあります。名古屋から名鉄新鵜沼駅下車。タイミングが合えば車で迎えに行けます。骨董歴25年。コアなコレクターさんの気持ちが分かる店と自負しています。
美術や古美術は、人が最終的に辿り着く究極の趣味。ここ10年で価格が下がったものが多く、これから始めるにはありがたい時代だと思うので、ぜひ新しい一歩を踏み出してみてください。
E 食べることと料理、骨董の器を使うことが好き。

本田

A 岐阜県岐阜市上太田町1-7 醸造会館１F ☎058-264-2980
B 11:00～18:00 ／木曜・金曜
C 身近な生活骨董を中心とした西欧及び東洋の古道具・民芸品
D 2011年開業。岐阜市にて戦前の擬洋風建築を改修した建物で、店舗を構えております。現代作家との企画や展覧会も年に数回開催します。
E 作詞作曲、楽器演奏。

座辺の骨董 幾一里
（いくいちり）

A 京都市中京区坊城通後院通下ル壬生馬場町19-1　☎075-811-8454
B 12:00～18:00　／水曜・木曜(要ご連絡)
C 木のもの・鉄のもの・土のもの・布のもの
D 古民芸から仏教美術まで座辺で愉しめるものを。
平成９年10月に開店。骨董好き高じて骨董屋に。民藝の父・柳宗悦の大好きな言葉「簡素の美、健康の美」を念頭に、暮らしの中の用の美を、そして心満たしてくれる愉しきものを、と念じています。
自分の足と目と手で実際にものに触れ、対話してみてください。美しいと思うもの、使いたいもの、心を慰めてくれるものなど、自分の視点や感性を大事に。美しいもの、愉しきものを沢山ご覧になってください。

ギャラリー啓

A 京都市中京区寺町通夷川上ル久遠院前町671-1　☎075-212-7114
B 11:30～18:00　／原則無休(臨時休業もあり、遠方の方は要連絡)
C 木綿以前の自然布（大麻、苧麻、シナ布、藤布 、葛布、オヒョウ、芭蕉布など）を中心にした古布と木工品・民具・鉄などの古民芸品
D 庶民の染織品を紹介することに力を入れてきました。古民芸品も時代も国境も越える“かっこ良い品”を揃えていきたいと思っております。知識は後に、まず自分が心から好きだと思うものを見つけること。自分のものになった後で調べることで、より自分の手に入れたものに愛着が湧いてきます。 情報が先にあって求めたものは、自分の目ではないので、いずれ飽きがきます。

道具屋 広岡

A 京都市左京区下鴨南芝町34-3　☎075-721-4438
B 10:30～日没　／火曜(夏季休業・正月休みあり、HP 参照)
C 古伊万里・古民芸・古銅や鉄・ガラス・竹籠など時代花器・土器・須恵器・唐物や李朝ものも少々
D 自宅店舗で夫婦で営業。観光の折、開店前の来店もお問い合わせください。対応可能です。出会って気に入ったその品物が、好き(数寄)の始まりですから、出会った時の感覚を大切にしてください。パソコンの情報や知識よりも、品物の魅力に反応できることが大切です。
E 山の景色、空気が好き。もう一人の主人（久美子）は、花をいけることだけに興味がある人です。

アンティーク イリス麩屋町 ギャラリー

A 京都市中京区麩屋町通り三条下ル白壁町435　☎075-708-2869
B 10:30～17:00　／月曜・火曜
C 17世紀のオランダ古陶・タイル・スリップウェア・時祷書
D 1990年に開業。当初、商っていた伊万里や印判からオランダのタイルや白デルフトに魅力を感じるようになり、タイルの在庫は800枚程。姉妹店のイリスビスはアンティークレース(17世紀～19世紀のハンドメイド)と銀器がメイン。
骨董に興味を持つと世界が広がり新たな発見があります。骨董はカン、タン、ピンと言います。心に沁みる物があれば、思い切って買うことです。
E 国内外で城跡、遺跡を巡るのが好きです。

古い道具

A 京都市北区等持院南町68-1〔京福電鉄北野線等持院駅下車一条通りへ徒歩３分〕　☎なし
B 土曜日のみ営業　11:00～17:00　／左記以外
C 日本の古いもの
D 2014年の春、ひっそりお店を始める。
毎週土曜日、のんびり営業しています。あれやこれやは抜きにして、ええなあ……という気持ちを大切にしてもらえたら。
E 古いものはもちろん、新しいものにも興味があります。

Gallery ULALA

A 東京都文京区千駄木1-23-6 グリーンヒル汐見103　☎03-5834-7382
B 11:00～18:30　／月曜・火曜(臨時休業あり)
C 古陶磁・仏教美術・諸国古民芸品
D 長い年月人々に大切に守られ遺されてきたものにはそれ相応の強さや優しさが宿るもの。そういったものを日々眺め、触れているうちに自ずと感性が磨かれていることにはっとさせられます。こんな気持ちを一人でも多くの方にお伝え出来れば。海外の方々と会話していますと、日本の文化や骨董・現代工芸の人気の凄まじさを肌で感じさせられます。今後は国内のみならず海外に於いても、日本の古いものをご紹介出来る機会を、今まで以上に設けていきたいと思っています。

古美術三樹

A 埼玉県所沢市山口2710-15　☎04-2928-8683
B 11:00～18:00　／木曜(来店の際は電話、メールにて要確認)
C 古伊万里・東洋古陶磁
D 昭和49年に父 柿谷三喜雄が開業。２代目になります。古伊万里を中心とした東洋古陶磁をご紹介しており、美しいと思えるもの、心を豊かにしてくれるもの、そんな品物との一期一会の出会いをお手伝いできれば、何より嬉しく存じます。店頭販売以外にも、ウェブサイト、インスタグラムにて随時、新入荷商品をご紹介しております。

京都・関西

大吉

A 京都市中京区寺町通り二条下る妙満寺前町452　☎075-231-2446
B 11:00～18:00頃　／月曜
C 東西の古陶磁を中心に見どころのあるもの
D 平成元年に割烹料理店をしておりました両親が、同店で骨董店を始めました。当初は古伊万里を中心とした品揃えでしたが、私の代では東西の様々な古陶磁を中心に、日々楽しんで頂けそうなものを並べております。
また、年に数回東京の骨董催事にも、積極的に参加をさせて頂いております。

ギャラリー安原

A 京都市東山区古門前通大和大路東入る元町371　☎075-532-2217
B 11：00～18：00　／火曜(臨時休業あり。HP や電話で要確認)
C 肥前磁器を中心にガラスを少し。17世紀を中心とした古伊万里が主
D 1996年広島にて開業、2002年京都へ。2007年現在地に移転。400年の歴史がある伊万里焼は、世界に誇れる日本のやきものです。展覧会や書籍が豊富にあり、伊万里の研究も大変進んでいます。おしゃれな絵文様や素晴らしい文様を見るだけでも楽しい世界です。
E 素敵な品物との出会いを求め出張することが趣味かも（？）。興味あることは、感動する品に出会い入手することと、美味しい食べ物……。

こっとう画餅洞
(わひんどう)

A 京都市上京区今出川通六軒町西入西上善寺町190-16
☎075-467-4400
B お昼頃～19:00　／不定休
C 古陶磁・古漆器・仏教美術からレトロまでいろいろ
D 入りやすく、楽しい店づくりを心掛けています。カジュアルな発掘品や古陶磁、傷物だけど使って楽しいもの、直しがアクセントになっているもの。比較的お求めやすい優しいお姿の仏教美術品などにも力を入れております。
E 服部元昭：いろいろあるような何もないような。
朝日久恵：お酒、料理、食べること全般と、電車と温泉。

UNTIDY
(アンタイディー)

A 東京都杉並区西荻南2-29-17 クオン西荻1F　☎03-3335-9230
B 12:00～19:00　／月曜・火曜(祝日の場合は営業)
C ヨーロッパ、アジア、アフリカ各国の民芸・古いもの
D　場所や時代を限定せずに、フォルムのきれいさ、質感の奥深さのある品々を、年に数回海外へ探しに行き、選んできています。
開業は1996年。まず福岡で始めました。2002年に東京に移転、今は西荻窪。去年20周年でした。福岡では、友人が姉妹店アンタイディーをやっています。
E 趣味が仕事になったようなものなので、休みの時でもモノを見ることは欠かせません。

古美術 砧
(きぬた)

A 東京都杉並区西荻北4-4-4　☎03-3395-2520
B 12:30～19:00　／火曜(不定休あり)
C 古陶磁・古民芸・仏教美術・東洋古美術ほか
D 平成6年開店で23年目に入りました。
5000円で買える骨董品でも、知性や美意識、価値観の広大な世界への入口になってくれます。
E 山歩き、川歩き、民衆信仰。

東中野

A 東京都中野区東中野1-49-7-102　☎03-3363-2291
B 11:00～18:00頃　／日曜・月曜
C 古陶磁
D 気軽に使えるものから入って、使っていれば自ずと骨董のよさが分かるようになります。
E 音楽鑑賞。

骨董うまこし

A 東京都世田谷区用賀4-28-14 MEAN 3号　☎090-5819-9528
B 水曜・木曜・金曜・土曜の13:00～18:00
／日曜・月曜・火曜
C 古今東西いろいろ扱いますが、メインは東洋の古陶磁・木のもの・鉄など
D 共に暮らしたいと思えるものを、必ずしもジャンルや評価にとらわれず扱いたい。民に使われ、あるいは時を経ることで味わいが増したものが好きです。

南方美術店
(みなかたびじゅつてん)

A 東京都世田谷区瀬田2-28-10 池田ビル1F　☎03-6805-6535
B 13:00～19:00　／火曜(他臨時休業日あり)
C 古陶磁・鉄・ガラス・木のものなど
D 2013年開業。学生時代は本や映画に、レコードを蒐集することに夢中でした。絵画の中に見られるマチエールが、素材そのものの中に感じられることに愉しみを覚えて古い物を好きに。現在でも骨董は広い興味の中のひとつ。
近年は骨董の知識や情報よりも、物そのものから面白さを感じて、そこから特徴を一つ一つ感じとりながら覚えていく若い人が増えていると思います。物を見る上で必要な知識や注意点については、それと分からぬような形で示して、そっとお店の役割を務めたいと心掛けています。

大隅コレクション

A 東京都世田谷区瀬田5-11-11　☎03-3700-9145
B 店舗はなし。イベント出店のみ
C 古今東西あらゆるもの
D 骨董コレクターから転じて、現在は店舗を持たず下記の骨董イベントに出店しています。ギャラリーブリキ星(東京都杉並区西荻北5-9-11)で「蚤の市で見つけたもの」(年2回)。／Tギャラリー「大隅コレクション100/10000」(年1回)／目白コレクション(年2回)／鎌倉古美術展(年2回)

古美術 天宝堂

A 東京都中央区日本橋2-9-7　☎03-6225-2575
B 要ご連絡　／不定休
C 大津絵・仏教美術・古陶磁器・古民芸など美術全般
D 先代が静岡で開業。50年を迎えました。禅林墨跡を得意とし、静岡ゆかりの白隠禅師の取扱いではこの世界では知られていますが、私は大津絵が大好きで力を入れています。気軽に楽しめるものから玄人好みのものまで多彩に扱っています。不在がちなので、ご一報ください。
E 現在、1歳半になる子どもの観察。

古美術川﨑

A 東京都中央区銀座1-24-5 東ビル1F　☎03-6264-4150
B 11:00～18:00　／日曜・祝日(不定休あり)
C 仏教美術・古陶磁・中国美術
D 現代的な感覚を大切にしています。銀座に店舗を構えて2年ほどですが、毎日たくさんの出会いが嬉しいです。
E エレキギターを始めました。

古美術 草友舎

A 東京都中央区京橋1-6-10 ミカタビル2F　☎03-3561-7605
B 12:00～17:30　／日曜・祝日(仕入れで留守にする日もあります)
C 日本の古美術
D 古美術甍堂に20年勤めておりました。2015年に古美術 草友舎を開店しました。日本の古美術が主で、とくに仏教美術に憧れがあります。店内で気になるものがありましたら、お気軽に尋ねていただければと思います。

花徑
(かけい)

A 東京都中央区京橋2-10-1　☎03-3535-0733
B 不定　／日曜・祝日(不定休あり)
C 仏教美術・古窯・漆器・古染付など
D 古いモノを買うことは、モノが持っている凄みを買うことではないかと思います。そば猪口一つにもそれは宿っていると思っています。相場や知識が分からないので買うのが怖いという方もいらっしゃいますが、まずは自分の五感に正直に、所有したいという欲求が湧き上がったモノを買ってみるといいと思います。たとえ、価格の安いものであっても、自分にしか分からないモノの魅力を見つけられれば、(自己満足かもしれないけれど) 密かに至福を感じられることと思います。

アンティークス宮脇モダン

A 東京都目黒区東が丘1-17-23　☎03-5432-9723
B 13:00～18:00　／(基本的に土曜のみオープン)それ以外はアポイントの上
C フランスをメインにヨーロッパの骨董。テーブルウェアからオブジェまで小物が中心。家具は無し。
D 骨董店に就職後、2001年に独立。約10年間、パリに住み、古いものを買い集めてイベントや骨董市で販売。現在のお店は2011年から。
たとえば古いスプーン一つ、グラス一つでも気に入ったものを使うだけで、心が豊かになり、200年の時間を刻んでいると思うと楽しいものです。骨董とか価値にとらわれず、好きなものを買える値段で気軽に使ってほしいと思います。

オコンネルズ

A 東京都港区南青山6-1-6　☎03-5774-9250
B 12:00～19:00　／月曜
C 古伊万里の白磁のみ・現代アート
D 17年前に関西で開業。白磁は、華やかな染付や色絵と違って、存在感がないところが魅力で、古伊万里白磁は究極の器だと思います。好きなものだけを置いていますが、場所柄いろいろな方とお知り合いになれるので楽しいです。

古美術 吉戸

A 東京都港区南青山4-23-6　☎03-6805-3055
B 不定　／不定休　C 中国古美術
D 大学卒業後、父の店に勤務。中国美術を学ぶために英国ロンドン大学SOASに留学。2008年に帰国後、沖縄で開業。東京池尻を経て現所在地へ。価格の安定化により、今では愛好家が十分に楽しめるようになりました。安くて良い品が沢山あり、骨董の敷居はかなり低く、親しみやすくなりました。骨董を始めるなら今がベストタイミングと断言できます。
E 世界の名品、美術館巡り。旅、サイクリング、キックボクシング、食べ歩き、釣り、希少陶片集め。

古民芸もりた

A 東京都港区南青山5-12-2　☎03-3407-4466
B 10:00～19:00　／無
C 国内外の時代民芸・民俗品(染織・木工・陶磁・ガラス・石・漆・鉄など)
D 昭和45年（1970）4月開業。今年で47年になります。刺子、裂織（さきおり）の仕事着から海外の少数民族衣装、仕覆裂、茶事の裂なども扱います。

利菴アーツコレクション
（りあん）

A 東京都港区南青山5-7-17 小原流会館B1F　☎03-6427-3300
B 11:00～18:00(但し日曜は12：00～17：00)
／月曜・祝日・毎月最終日曜(休館日の為)
C 中国、韓国（朝鮮）、日本の古陶磁など東洋古陶磁を主軸に、日常に寄り添う古伊万里やバカラ・ラリックなどのアンティークグラスなどを
D 井上オリエンタルアートで11年修業後、独立。現在の南青山に店舗移転して4年目となります。
店の入口には気軽に使える古伊万里の食器やアンティークグラスなどを設けており、骨董初心者にも入りやすい店作りを心がけております。動物や鳥などの図柄、豆皿や蓋茶碗などの器から古美術を集めていくのも楽しいです。

古美術 桃凛
（とうりん）

A 東京都港区虎ノ門2-5-3　☎03-3504-8056
B 11:00～18:30　／土曜・日曜・祝日
C 李朝もの・伊万里・民芸・ガラス・古窯・デルフト。李朝を多く取り扱っております。四季折々の花を愉しむ花器、気軽に使える器、傍に置いて心安らぐものなど
D 虎ノ門駅からすぐのお店で、開業して８年目です。また、投げ入れ花の教室・書の稽古も開講しております。

gallery uchiumi

A 東京都港区東麻布2-6-8 カドル A101　☎03-3505-0344
B 12:00～19:00　／月曜・火曜
C キリスト教美術を中心に、西洋・日本・東洋の古陶磁、古道具など
D 開店12年。キリスト教に関わる美術品や西洋、東洋を問わず中世の品に魅了されています。まずはものを入手し、持つことの喜びを味わって頂きたいということです。たとえ陶片でも、手にすると、以前それらを使っていた人々、当時の生活、社会など多くのことに思いを馳せることができます。実際に日常生活で使えるものも沢山あり、１つでも生活の中にあるだけで、豊かなものになると思います。

織田有商店
（おだうしょうてん）

A 東京都千代田区有楽町1-12-1 新有楽町ビル1F　☎03-3215-0125
B 11:00～19:00(土曜は13:00より)　／日曜・祝日
C 李朝タンス・木工品・やきもの（高麗から朝鮮時代末期）・更紗を主体にした世界の染織品
D 1972年(昭和47年)以来、世界の生活美術工芸品の企画展を開催。最近では、炭素検査で14～15世紀と明らかになった更紗展を開催。

初めてでも入れる骨董店

初心者にも優しい骨董屋さん。オーナーの横顔を知りたく質問に答えてもらいました。一人で切り盛りしている骨董屋さんは、仕入れなどで不定休もあります。電話やHPを見て、確認の上、出かけましょう。

A 住所　☎
B 開店&閉店時間　／定休日
C 主な取扱い分野
D お店の特徴・初心者へのメッセージ
E オーナーの趣味や今、興味あること

東京・関東

古道具 坂田

A 東京都新宿区下落合3-18-9　☎03-3953-6312
B 水曜・木曜・金曜・土曜の13:00～18:00　／日曜・月曜・火曜　C 古道具
D 1973年開業。モノに付いている出自や肩書をできるだけはずしてモノを見つめてゆきたいと思ってやってきました。

ギャラリー桑納
(かのう)

A 東京都新宿区下落合3-19-10 三上ビル101　☎03-5996-4677
B 13:00～19:00　／日曜・月曜・祝日
C 内外の古陶磁・古道具・現代絵画
D 17年前に会社勤めを辞めて始めました。
和洋古今を問わず、感覚のおもむくままにいろんなものを扱っています。最近はスリップウェア、ウインザーチェア、デルフトなど洋の骨董に力を入れています。あえて目標とする店のコンセプトをあげるとすればミニマルアートです。

古美術 長谷雄堂
(はせおどう)

A 東京都新宿区下落合3-19-11　☎03-3953-6561
B 10:30～18:00　／日曜・月曜
C 神像狛犬など彫刻品・考古発掘品・民間信仰資料・護符・宗教版画・漆芸品
D 目白の地で20年。目白コレクション(P146参照)という骨董フェアを地元3店舗で主催しています。

古美術 山法師
(やまほうし)

A 東京都新宿区下落合3-21-6 岡崎第2ビル103　☎03-6908-0355
B 12:00～18:00　／日曜・月曜・祝日
C 古窯・漆のもの・小品の仏教美術
D 美しい、楽しい、傍らに置いて心安らぐモノで、諸美術全般を取り扱っています。特に、日々の花を愉しむための花器などは、いろいろございます。

古美術日吉丸

A 東京都新宿区下落合3-18-9　☎03-3565-2325
B 13:00～18:00　／日曜・月曜・木曜
C 江戸から明治大正昭和初期までのガラス・伊万里・印判・その他和骨董全般
D 平成4年に埼玉で始め、6年に今の所へ移りました。桃山、江戸初期のものもありますが、ちょっと懐かしい昭和初期（戦前戦後）のものまで日常に使えるものを中心に、ありそうで無い珍しいものがたくさんあります。
E 地方の神社仏閣、骨董屋さん巡りと温泉に行ってみたいです。

古美術観宝堂

A 東京都港区南青山4-23-6　☎03-3499-5056
B 10:00～18:00　／月曜
C 琉球古美術工芸品全般・古唐津ほか九州古陶など
D 1972年沖縄県那覇市にて沖縄本店を開業。1992年に東京店を開きました。沖縄店では琉球時代のやきもの、染織品、漆、書画など、東京店では桃山時代の唐津焼を中心に、九州古陶を取り揃えております。
古美術店は入りにくい、という方もいらっしゃるかもしれませんが、一度行ってみるとイメージが変わると思います。ぜひお気軽にご来店ください。分からないことは、できる限りお答えしたいと思っております。

ま焼成して胎土が出たところを景色とした。

ビンテージ〈vintage〉 英語　アンティークより新しい西洋骨董。ワインの醸造期の意味が転じて年代を経た通好みのものをさす。

ブッカキ〈仏花器〉 仏前に供える花を入れるための花瓶。中央が膨らみ、口辺が開いたような形が多い。華瓶(けびょう)とも。

ブロカント〈brocante〉 仏語の古道具の意。アンティークより新しいものをさすが、美しい古物のこと。

ヘイシ〈瓶子〉 酒を入れるための瓶で、鎌倉室町期の古瀬戸に多い、肩の張った独特の形。

ベロアイ〈べろ藍〉 オランダ船載のベロ藍は、化学合成された酸化コバルト。ベルリンブルー、プルシアンブルーとも呼ばれ、中国で安価に生産された。北斎の浮世絵でも用いられたが、伊万里の印判や瀬戸などで使われ、また有田でも明治になると濃淡を使い分けた油絵的な陶画のものが作られた。

ホリダシ〈掘り出し〉 雑多な中から思いがけず、自分の趣味に合った品や珍しいものを見つけ出すこと。手に入った珍品は掘り出しものといって、骨董の最高の醍醐味。

マ

ミコミ〈見込み〉 茶碗の内側。茶碗を覗き込んだことから出た言葉だが、皿鉢などやきものの内側全体をいうようになった。

ムコウヅケ〈向付〉 日本料理で、お膳の向こう側に置かれた器。小形の鉢や深めの皿など、向付の取り合わせは、料理の核心。江戸時代の茶人が、中国に注文した向付は、動物や植物など形が多彩な古染付。

ムシクイ〈虫喰い〉 化粧掛けの一部が釉と共に剝落、胎土があらわになった状態。虫が喰った後のようだと、風情を愉しんだ。明末の天啓古染付に限って使われたが、現在は広く使われる言葉となった。

メアト〈目痕〉 器を重ねて焼くときに、茶碗の高台が下の見込みに熔着しないよう、土の団子や貝殻を間に挟んでおいた痕。その大らかさを愉しむ。

メキキ〈目利き〉 骨董に造詣が深く、モノの価値を知って鋭い鑑識眼をもった人のこと。

メクリ〈捲り〉 まだ表具されていない書いたままの状態の絵や書。まくりともいう。

メントリ〈面取り〉 本来円形になる器の形を曲面にせず、角を削って面を取った形。

モノ〈物〉 モノがいいとかモノが悪いというようないい方をする。モノという言葉に流れるのは、道具への深い愛情だという。

ヤ

ヤナギムネヨシ〈柳宗悦〉 大正時代末に提唱された民藝運動の指導者。宗教哲学者、思想家。名もなき職人の手から生まれた日常の道具を「民藝」と名付け、美は生活の中にあることを提示した。柳の厳しい審美眼で選ばれた、日本や諸外国の陶磁器、織物、染め物、漆やガラスなど１万7000点を東京駒場に日本民藝館を創設して収蔵。道具の美を知るために是非訪れたいところだ。

ラ

リキュウ〈利休〉 安土桃山時代の茶匠、千利休。茶禅一味を唱えて草庵の茶の湯を体系化。現代につながる茶道の源流を大成した茶聖とされる。当時全盛を極めた町人の都、堺の町衆の経済を動かし、信長につかえ、秀吉からも寵愛されて利休居士の号を賜った。一世を風靡した利休の茶の湯だったが、大徳寺山門に自像を掲揚したことにより自刃を命じられた。前代未聞の目利（めき）きとして、楽焼茶碗、竹の花入れ、瓢簞の炭斗などさまざまな新茶道具を考案した。所持した著名な名物茶道具や利休が秘蔵愛用した好みのものなどを利休名物という。

ロッコヨウ〈六古窯〉 中世に盛んに生産し現代まで継続している６つの大窯業地。瀬戸、常滑、越前、丹波、備前、信楽の窯をさす。小山冨士夫が提唱したが、現在では、ほかにも中世窯があったことが確認されている。

ワ

ワビ〈侘び〉 茶道の根本理念を表す言葉でもある。俗界を離れて清々しく高雅な精神的世界の、寂びの美意識を実現する行為が、侘びといえようか。持たざる乏しさ、華美や贅沢を避けた慎ましさにこそ、精神の高雅な充足があるとし、それを求めた。

穏やかな日用雑器を焼成。須恵器と共に灰釉陶器の産地。多種類の製品を産した。猿投窯の灰釉陶器を白瓷ともいう。平安から鎌倉にかけて焼かれた山茶碗は骨董好きの憧れ。

サハリ〈砂張〉 銅、錫、鉛の合金で、叩くと良い音がするので響銅とも呼ばれた。中国、韓国(朝鮮)、東南アジアなどで用いられ、茶の湯の建水や花入れにも。

サビ〈寂び〉 華美やおごったことの反対の境地、美意識で、素朴でつつましい中に物事の本質の美を見出すこと。古びていよいよそのものらしくなっていき、味わいのあること。

ザレガキ〈戯書〉 宴席や訪問した客などが、遊びの感覚で筆を走らせて書いたもの。

ザングリ〈ざんぐり〉 大まかだが味わいのあること。

ザンケツ〈残欠〉 名品だったであろうものの形が失われ残った一部。裂や木彫、経典など。

ジダイ〈時代〉 骨董で用いる「時代がある」とは、古寂びた味わいの深さを褒める言葉。品物の真贋にも影響してくる。

ジャンク〈junk〉 米語 中古品、がらくた。

ショウソク〈消息〉 手紙のこと。平安時代には仮名文字で書かれた私信のようなもの。戦国時代になると貴人の手紙、江戸になると広く手紙のことをさす俗称になった。

シンシャ〈辰砂〉 銅化合物の還元焼成によって出た磁器の鮮紅色。釉下に銅を塗って発色させたものでユウリコウ〈釉裏紅〉ともいう。

スキシャ〈数寄者〉 モノを好んで嗜む風流な侘び人。

スナコウダイ〈砂高台〉 高台に残った砂粒の痕。器を重ねて焼成するときに、高台が熔着するのを防ぐため、まいた砂粒が残った状態。李朝の器や明の天啓頃のやきものに見られる。初期伊万里で見られることも。

セイカ〈青花〉 中国での染付の呼び方。釉薬の下に呉須の顔料で文様を描く。

タ

タタミツキ〈畳付〉 器を畳に据えたときに畳に当たる部分。

チリメンコウダイ〈縮緬高台〉 高台内の土が縮緬状にささくれているもの。粘り気の少ない粗い土にできやすく、唐津焼の見どころ。

ツチミ〈土見〉 茶碗の高台などに釉が掛からないで素地の土が見えているところ。

ツマグレ〈爪紅〉 黒漆や青漆の器の縁だけを朱塗りで縁どったもの。優美である。

ツルクビ〈鶴首〉 首が鶴のように長い形をした形状で、花入れや茶入などに見られる。

テヅクネ〈手捏ね〉 轆轤や型など、道具を用いず、手先だけで成形した陶器。楽茶碗などが代表的で、轆轤ではでない味わい深さがでてくる。茶人や素人が作るものは、手作り。数寄者の作陶は手捻りとも呼ばれる。

デンセイ〈伝世〉 生まれたときから人の手から人の手へと伝えられ愛蔵されてきた品物。土中から掘り出した埋没品は発掘手と呼ぶ。

デンライ〈伝来〉 モノが伝わってきた経歴のこと。以前、誰々が所持していたということは、旧蔵といわれ、付加価値がつく場合も。

トキンブツ〈鍍金仏〉 可愛らしい小品の仏さまで、金を溶かし込んだ水銀を何回も注ぎ、火で金を定着させるメッキの手法による。中国の北魏から唐、韓国の新羅などで作られた。

ナ

ナマガケ〈生掛け〉 釉掛けする場合は、素焼きをしてから行うが、日陰干しをしただけで釉を掛けたもの。初期伊万里などは、釉が幾分厚めで古格の味わいがある。

ナンバンヤキ〈南蛮焼〉 漠然と南海諸国から渡来したやきものをさす。中国南部、ベトナム、タイなど東南アジアで焼かれた無釉陶器。

ニドガマ〈二度窯〉 ニュウを消したりカセをごまかすために、釉薬を掛けて焼き直したもの。色の悪いものを二度焼きして鮮やかな発色にするなどの作為のこと。

ノゾキ〈覗き〉 細くて深い筒向付の器。冬の懐石で使われる。覗き猪口は、溜り醤油を入れた小さな円筒形の猪口で、これもノゾキ。

ハ

ハザラ〈端皿〉 もともと日本の食器は、10枚20枚が揃い。1枚ずつばらばらになったもののことで、近年では一枚ずつ売買されることが多い。

ヒマ〈火間〉 手早く釉薬を掛けるために釉が掛からないところが出ることがあり、そのま

カキエモンヨウシキ〈柿右衛門様式〉 濁し手と呼ばれる乳白色の磁胎と、明るく透明感のある独特の上絵付けが特徴。柿右衛門焼とか柿右衛門手と呼ばれてきたが、伊万里で産した最高級の輸出用色絵磁器を、一つの様式として考えるようになった。

カキツケ〈書付〉 茶器を所有した愛蔵者が作者や製作地、伝来や由緒などを記したもので、紙に書く場合と箱の蓋などに書く場合がある。箱に書いたものは箱書ともいう。鑑定書の場合は、〈極め〉と呼ぶ。

カタクチ〈片口〉 口縁に注ぎ口のついた鉢。本来は酒や醤油などを口の小さな容器に移すための道具。

カラツヤキ〈唐津焼〉 佐賀県西部から長崎県一帯にかけて焼かれた陶器。豊臣秀吉による朝鮮出兵に際し、朝鮮の陶工が連れてこられて大々的に発展。斑唐津、奥高麗、朝鮮唐津、絵唐津、黒唐津、黄唐津など多彩。17世紀初頭、有田の磁器生産草創期には、陶器と磁器を併焼した窯が多い。

カワクジラ〈皮鯨〉 唐津の茶碗や酒器の縁の部分だけに鉄釉を縁取りし茶色く焼き上げたもの。鯨の皮身を思わせるところからついた。主に唐津焼に使われる言葉。他地方の同手のものや磁器では、口紅、紅縁などと呼ぶ。

カンニュウ〈貫入〉 釉肌に現れたヒビのこと。古陶では無傷とされる。

グイノミ〈ぐい呑み〉 大ぶりで深形のやきものの酒盃。瀬戸では、六角形で黄瀬戸や鉄釉を掛けたものが代表的。絵唐津や皮鯨などでも作られた。

クチベニ〈口紅〉 器の口辺に茶褐色や赤っぽい紫色の鉄釉で縁取りしたもの。器全体を引き締める効果があるが、柿右衛門など上手の磁器に多く見られる。

クニヤキ〈国焼〉 瀬戸以外の地方で焼かれた茶器を指して呼ぶ言葉。瀬戸を本窯として、それ以外で焼かれた茶器だが、京都は別格で国焼に入れない。

ケイトクチン〈景徳鎮〉 江西省にある中国最大の窯の一つ。歴史の古さ長さからいっても、優れたやきもので、膨大な量を産出した稀有な窯。北宋時代には影青と呼ばれる青白磁、やわらかな乳白色の元の白磁や染付、青花と釉裏紅の磁器も開発。東南アジアやヨーロッパまで広く輸出された。

ゲテ〈下手〉 雅味のある精緻で美しい上手に対して、民芸的な温もりをもつ庶民的な味わいを、柳宗悦がこう呼んだ。中古品など品位がなく粗悪なものを指す下手物はガラクタで骨董の対象には入れない。

ケンザン〈乾山〉 尾形乾山。江戸中期の京都の陶工であり画家であり書家である芸術家。呉服商雁金屋に生まれた。兄の光琳の絵を生かすために、素地に白泥をかけ銹絵や色絵で絵付けする手法を創出。絵画的な模様を表現し、禅味のある閑雅な味わいの作風。大叔父は光悦。

コウダイ〈高台〉 茶碗や鉢の底につく輪の部分。糸底、糸尻とも呼び、茶道では見どころの一つ。三日月、蛇の目、縮緬など形もいろいろ。

コウライチャワン〈高麗茶碗〉 朝鮮すなわち高麗で作られた茶碗の総称。朝鮮時代初期から中期にかけて焼かれたものが多い。日本からの注文や指導によって焼かれたものは御本茶碗という。

ゴス〈呉須〉 染付の原料となるコバルト化合物を含んだ黒っぽい青緑色の鉱物。特に黒ずんだ発色の下手な磁器を呉須手と呼んでいる。

コヒツ〈古筆〉 古い書蹟で、特に平安時代から鎌倉にかけての仮名書道の優品名品。

コヒツギレ〈古筆切〉 伝来された巻子などを切断したもので、表具仕立てされた。

ゴマツチ〈胡麻土〉 白磁の肌に胡麻をふったように粒粒が混じっていること。祥瑞などに見られることもある。

コレクタブル〈collectable〉 英語　西洋の骨董用語。安くても収集する価値のあるもの。

コワタリ〈古渡り〉 海外から渡来した骨董を呼ぶ言葉だが、ものによって区分が異なる。名物裂は室町末期のもの、陶磁器では江戸時代以前をさす場合が多い。

サ

サナゲヨウ〈猿投窯〉 愛知県瀬戸市の東にあった日本最大の古窯跡群。古墳時代から平安・鎌倉にかけて生産。窯の中で燃料の薪の灰が溶けた自然釉から人為的に灰釉を掛けて

骨董用語ガイド

骨董業界だけで使われる言葉も含めて、初心者が知っておきたい用語もろもろ

ア

アコダ〈阿古陀〉 阿古陀瓜、すなわちかぼちゃを輪切りにしたような形。湾曲線が並列に入り、香炉、香合、水指などに見られる。

アトエ〈後絵〉 本来は上絵付けのことだが、骨董の商品価値を高くするため、後世になって剥落した釉に再び色釉をのせたりしてオリジナルなボディに手を加えたもの。

アブラツボ〈油壺〉 びんつけ油を入れた手のひらにのるような小型の平瓶。時代により、地方により、器型、文様に各種ある。

アラモノ〈新物〉 侘びた骨董道具に対して、新作の道具のこと。

アワセバコ〈合わせ箱〉 当初からのその品物の箱ではなく、見繕って入れた別の箱のこと。

アンティーク〈antique〉 仏語　語源は古いを意味する言葉。厳密には100年以上前の古いものをさす。

アンナンヤキ〈安南焼〉 現代のベトナム地方、バッチャン窯で焼かれた陶磁器。灰分の多い釉薬が流れて、呉須も一緒に滲んだような絞り手は風情があって茶人に喜ばれた。

イシハゼ〈石はぜ〉 素地の土に交じっていた小石が焼成中に胎土を破って露出したもの。景色として珍重した。

イトキリ〈糸切〉 成形した器を、撚糸などを使って轆轤から切り離すときに、底に生じる渦状の切り跡。轆轤の回転方向により渦の中心や向きが異なる。

イロエ〈色絵〉 2色以上の軟質色釉の絵の具を用いて、釉上に多彩な上絵付けを施したもので、錦手ともいう。素焼き、本焼き、上絵付け後と、色絵は少なくても3回焼成する。

インチン〈影青〉 中国語でいう青白磁のこと。宋時代に景徳鎮で焼かれたものが多い。白磁の透明釉が薄青く見えるのでこう呼ばれた。

ウインザーチェア 18世紀初めに英国で作り始められた伝統的なスタイルの木工椅子。厚い木製の座面に背もたれのスピンドルや脚が結合されており、各部分に適材適所、木材を生かして使用している。

ウスイタ〈薄板〉 花入れを飾るとき、その下に敷く板のこと。薄板にも真、行、草があり花入れの格と合わせて用いる約束事がある。

ウズクマル〈蹲〉 古伊賀、古信楽の小壺。底がベタ底で大きく首の傾いた形が、人が蹲った姿のようだとこう呼ばれてきた。元は農家の豆入れや種壺などで、小さいながらも古格があり掛花入れとして好まれている。

ウブクチ〈初心口〉 過去に店先に並んだことがないような、初めて世に出た品のこと。蔵出し品などにも使う。

ウミアガリ〈海揚がり〉 長いこと瀬戸内海の海底に眠っていて引き上げられた古備前。

ウリタテ〈売立て〉 大正から昭和の初期、名家や豪商の収蔵品が陳列公開され、目録が発行された入札や競り売りのこと。

ウワグスリ〈釉薬〉 ゆうやくともいう。陶磁器の素地の上に施すガラス質の薄い層。水漏れや汚れ防止や装飾のため。透明釉では光沢が出、色釉ではさまざまな色彩が出る。

エンシュウシチヨウ〈遠州七窯〉 小堀遠州の好みの茶器を焼いた窯。遠江の志戸呂、近江の膳所、山城の朝日、大和の赤膚、摂津の古曽部、筑前の高取、豊前の上野などで、江戸初期の優雅な綺麗寂び風の作風が多い。

オニオケ〈鬼桶〉 古信楽などで作られた桶形の筒水指。麻苧を入れた苧桶（おぼけ）が語源とされる。

オニワヤキ〈御庭焼〉 江戸時代、藩主が城内や邸内に窯を築いて、雅味のある茶器などを焼かせたことを呼ぶ。御用窯は公の築窯だが、御庭焼はプライベートの窯とされる。

カ

カイラギ〈梅皮花〉 かいらぎとは蝶鮫の皮のこと。焼成不足で十分に溶け切らなかった釉が粒粒に固まったり縮れたりしてうろこ状になったもので、茶人は見どころとした。

●写真
大見謝星斗(株式会社世界文化社)、
大屋孝雄　P6~10、93下、94上、
99上、123右

●デザイン
新井達久(新井デザイン事務所)

●編集
片柳草生
中野俊一
(株式会社世界文化クリエイティブ)

●校正
天川佳代子

●特別協力
ギャラリー桑納

【監修者プロフィール】
尾久彰三（おぎゅう・しんぞう）
古美術研究家。日本民藝館前学芸部長。1947年、富山県生まれ。早稲田大学大学院文学研究科美術史学科修士課程修了。独自の審美眼をもつ自由でユニークな視点には定評があり、そごう美術館、豊田市民芸館などでコレクション展を開催。NHKテレビの骨董紀行番組に、女優の樹木希林と共演多数。主な著書に『愉快な骨董』『貧好きの骨董』『民芸とMingei』（以上、晶文社）、『観じる民藝』（世界文化社）など他多数。

●主な参考文献
『角川 日本陶磁大辞典』角川書店
『別冊太陽 李朝工芸』平凡社
『別冊太陽 中国やきもの入門』平凡社
『やきもの蒐集入門』出川直樹　新潮社
『やきもの鑑賞入門』出川直樹　新潮社
『体験的骨董用語録』中島誠之助　里文出版
『図解茶道具事典』雄山閣
『白デルフト陶器の時代を超えた美』PolderVondsten
『観じる民藝』尾久彰三　世界文化社
『やきもの事典』平凡社　ほか

ゼロから分かる！5000円からの骨董入門

発行日　2017年11月1日　初版第1刷発行
監　修　尾久彰三
発行者　井澤豊一郎
発　行　株式会社世界文化社
　　　　〒102-8187
　　　　東京都千代田区九段北4-2-29
　　　　電話03-3262-5115（販売部）
印刷・製本　株式会社リーブルテック

＊内容に関するお問い合わせは、株式会社世界文化クリエイティブ
電話03(3262)6810までお願いします。

無断転載・複写を禁じます。定価はカバーに表示してあります。
落丁・乱丁のある場合はお取り替えいたします。

©Sekaibunka-sha, 2017. Printed in Japan
ISBN978-4-418-17245-0